MW01520416

LA MÉNAGERIE
des doudous

KERRY LORD

LA MÉNAGERIE
des doudous

PLUS DE 40 ANIMAUX
*en crochet à câliner
tendrement !*

MARABOUT

SOMMAIRE

TECHNIQUES

INTRODUCTION

La Ménagerie des doudous est un projet mené une année durant par une apprentie crocheteuse autodidacte, qu'on a laissée s'amuser avec un gigantesque stock de laine et qui, en même temps qu'elle a créé une ménagerie pour son bébé, a inventé pour chaque animal une petite histoire un peu décalée. Les modèles nés de cette expérience sont expliqués de manière plus ou moins conventionnelle, mais l'accent a été mis sur la simplicité, pour que même les novices puissent facilement les comprendre et les réaliser. Tous les points utilisés sont expliqués pas à pas à la fin du livre, pour que vous puissiez vous lancer sans crainte, même si vous n'avez jamais crocheté de votre vie.

J'ai débuté le crochet peu de temps avant ma 40e semaine de grossesse. Depuis, j'ai rangé mes aiguilles à tricoter au placard et je ne l'ai jamais regretté. Edward s'est fait attendre pendant 14 jours au cours desquels 14 animaux ont été créés (même si plusieurs étaient crochetés à l'envers et si j'étais encore incapable de rédiger des explications !).

Pendant mes 6 premiers mois de jeune maman à la tête d'un commerce de laine en pleine expansion, très peu de nouveaux animaux ont rejoint la collection. Ce n'est qu'à partir du moment où bébé a commencé à montrer de l'intérêt pour mes créations qu'une nouvelle frénésie s'est emparée de moi.

Certes, en un an, les animaux ont beaucoup évolué, et, l'expérience aidant, plusieurs de mes créations originales ont été revues et corrigées au fil de l'écriture de ce livre.

Bridget l'éléphante a été le premier animal à poser la patte dans la chambre d'Edward et elle reste l'une des plus simples à réaliser, de même qu'Alexandre le chat bleu russe et Emma le lapin. Si vous débutez, je vous conseille de réaliser un ou plusieurs projets de niveau 1, avant de crocheter un animal de niveau 2, pour terminer avec Blake l'orang-outan ou Hamlet le guépard, qui sont un peu plus complexes.

Les modèles de *La Ménagerie des doudous* ont été conçus avec plaisir et pour faire plaisir – à la famille, aux amis –, et j'ai hâte de découvrir les photos de votre ménagerie. Pour que je puisse les trouver facilement, partagez-les sur Twitter avec le hashtag #edsanimals.

C'est un fait : je suis accro à la fabrication de nouveaux animaux en crochet. J'en déduis que mon prochain (livre) est sûrement pour très bientôt.

Bon crochet.

Kerry

LIVRE,
MODE D'EMPLOI

Le livre *La Ménagerie des doudous* est divisé en trois niveaux de difficulté. Je tiens toutefois à préciser que réaliser les animaux de niveau 3 n'a rien d'insurmontable et ne nécessite pas de posséder une grande technique du crochet. Néanmoins, si vous n'avez aucune notion de crochet, je vous conseille de commencer par un animal de niveau 1 ou 2.

NIVEAU 1

Animaux ne nécessitant qu'un coloris, la maille chaînette, la maille coulée et la maille serrée.

NIVEAU 2

Animaux nécessitant un changement de coloris simple. Vous trouverez les explications dans le chapitre **Techniques** (p. 108-123).

NIVEAU 3

Animaux nécessitant des changements de coloris plus complexes et des mailles bouclées ou fourrure. Là encore, vous trouverez toutes les explications dans le chapitre **Techniques** (p. 108-123).

Les animaux de *La Ménagerie des doudous* composent une famille. C'est pourquoi ils ont un peu tous les mêmes formes, détaillées dans **Formes de base** (p. 16-17). Le liseré noir vous aidera à retrouver cette page rapidement pendant que vous suivez les explications du modèle. Une fois votre premier animal terminé, vous vous familiariserez vite avec cette technique (et avec la table des multiples de 6 !).

Pour que les explications restent aussi simples et concises que possibles, j'ai omis les étapes du rembourrage et du montage dans les explications des modèles, qui sont identiques pour tous les modèles. Reportez-vous aux pages **Le rembourrage et la couture** (p. 114-115) du chapitre Techniques avant de commencer à crocheter, afin de savoir dans quel ordre et à quel moment procéder.

Les pages des **Tailles** (p. 14-15) fournissent des tableaux utiles pour le choix du matériel et des quantités de laine.

LAINE,
MATÉRIEL
ET FOURNITURES

LA LAINE ET MOI

J'ai eu le privilège de grandir dans une ferme d'alpagas britannique, dans un hameau rural et pittoresque du comté de Warwick, en Angleterre, appelé Toft. Mes parents ont acheté leurs premiers alpagas en 1997, à une époque où seuls les excentriques connaissaient cet animal et où l'on comptait moins de 500 camélidés dans tout le pays. Depuis, l'élevage d'alpagas de Toft a gagné en taille et en réputation, parallèlement à l'industrie de l'alpaga britannique, et on recense à l'heure actuelle plus de 40 000 alpagas au Royaume-Uni. Toft est un lieu où mon fils Edward, qui a donné son nom à cette ménagerie, pourra venir toutes les semaines et s'adonner aux rituels quotidiens de l'élevage de ces magnifiques animaux.

J'ai passé ma première commande de laine TOFT, filée avec la toison de nos propres alpagas, en 2006. À l'époque, j'étais totalement inconnue dans le monde de la fibre et des arts de la laine. Depuis, TOFT est devenue une marque de luxe réputée, proposant des laines de mouton et d'alpaga de qualité supérieure 100 % britanniques et reconnaissables à leurs palettes de couleurs naturelles.

MON CHOIX DE LAINE

La Ménagerie des doudous a été crochetée avec la laine TOFT et met en valeur la douceur de ces fibres, la profondeur et la variété de leurs tons naturels ainsi que la qualité tactile des matières obtenues. *La Ménagerie des doudous* est le produit d'une connaissance et d'une compréhension intimes des fils TOFT. Naturellement, je recommande la laine TOFT pour obtenir des animaux identiques à mes modèles, mais vous pouvez aussi utiliser n'importe quelle autre laine filée non fantaisie. Le résultat sera très différent si vous crochetez un éléphant en laine acrylique bleue ou un lion en coton jaune, mais les patrons resteront les mêmes, à condition de prendre un crochet de taille adaptée à votre fil et de vérifier que votre tension donnera une matière dense et ferme.

J'espère que ces modèles vous donneront envie de goûter aux plaisirs des laines de luxe. Que vous donniez vie à ces modèles pour vous-même ou pour quelqu'un d'autre, l'important est de toujours avoir un fil de qualité sur le crochet.

CE QU'IL FAUT

LE MATÉRIEL EST
LE MÊME POUR TOUS
LES ANIMAUX DU LIVRE,
SEULE LA QUANTITÉ
DE LAINE CHANGE :

Laine de couleur
(pour les quantités,
voir **Tailles**, p. 14-15)

Fil noir pour les détails
du visage

---

1 crochet de taille
adaptée au fil (voir
Tailles, p. 14-15)

Rembourrage

---

1 paire de ciseaux

---

1 aiguille à coudre

COULEURS

Les animaux de ce livre ont été créés avec une palette de dix couleurs naturelles. Ce subtil dégradé de tons crème, marron et gris suffit amplement. Les couleurs citées ne sont données qu'à titre indicatif. La beauté des fils non teints réside non seulement dans leur palette « animale », mais aussi dans le fait que leurs couleurs sont interchangeables à volonté. Mon conseil pour choisir une couleur serait de ne pas passer trop de temps à regarder des images sur votre ordinateur et de faire confiance à votre flair et à votre imagination pour trouver les meilleures combinaisons.

Certains animaux ne nécessitent qu'une couleur, d'autres deux, et seuls quelques-uns trois, pour un fini plus détaillé. Ces coloris sont suggérés au début des explications de façon très simple : clair, moyen et foncé.

REMBOURRAGE

Pour mes animaux, j'ai choisi un rembourrage synthétique en polyester très gonflant, malgré leur extérieur 100 % naturel. Au-delà de l'apparente contradiction, je sais d'expérience que le rembourrage en laine naturelle a tendance à se tasser, ce qui finit par donner des peluches toutes rabougries. Le rembourrage synthétique a aussi l'avantage de rendre les peluches entièrement lavables à la main.

Vous pouvez ajouter des granulés en plastique à votre liste de matériel, pour lester vos peluches. Le corps a une forme idéale pour accueillir les granulés et l'effet est d'autant plus réussi quand le lest est logé à l'intérieur du ventre rebondi de l'animal. Placez toujours les granulés dans une poche de tissu avant de les glisser à l'intérieur du corps ou ils finiront par passer entre les mailles, aussi serrées soient-elles !

Si vous remplacez les granulés par du sable, les grands modèles réalisés avec du fil très épais feront d'excellents cale-portes.

VISAGES

J'ai utilisé du fil noir pour broder les yeux et le museau de tous les animaux. Le fil de soie teint et le coton noirs offrent un merveilleux contraste avec les tons naturels de la laine et donnent aux animaux un regard éclatant. Vous pouvez également opter pour des boutons, des perles ou des yeux en verre. Si la peluche est destinée à un enfant de moins de trois ans, n'utilisez pas d'yeux de sécurité, de boutons, de perles ou d'yeux en verre, car ils présentent des risques d'étouffement. Dans ce cas, mieux vaut broder solidement les traits du visage.

TAILLES

Les modèles de base de *La Ménagerie des doudous* sont réalisés avec de la laine moyenne et un crochet n° 3. L'avantage de ces modèles est que vous n'aurez jamais à changer de taille de crochet et qu'un seul et même outil permet de fabriquer tous les animaux du livre !

Tous les chiffres donnés sont approximatifs et basés sur mon expérience avec les fils pure laine et pur alpaga TOFT. Tous ces animaux s'adaptent à n'importe quelle épaisseur de fil, mais pour les modèles de niveau 3 certaines parties risquent d'être plus difficiles à réaliser avec un fil très fin. Pour débuter, optez plutôt pour des fils épais et de gros crochets, afin de mieux distinguer les mailles.

Les quantités sont calculées pour les fils pure laine et pur alpaga TOFT. Si vous utilisez un fil d'une autre marque, ces quantités peuvent varier de manière

significative, en fonction de la composition du fil. Les animaux dotés de crinières ou de toupets en mailles bouclées ou en mailles fourrure nécessitent beaucoup plus de laine que les autres.

La taille du crochet dépend de l'épaisseur du fil mais aussi de vos mailles, qui seront plus ou moins serrées. Choisissez votre crochet en fonction de la tension et de l'épaisseur du fil, de manière à obtenir une matière dense. Si les mailles sont trop lâches, le rembourrage risque de se voir ; si elles sont trop serrées, votre animal sera trop raide et difficile à travailler. Les échantillons ci-dessous sont calculés de façon approximative pour un ouvrage en spirale et en mailles serrées.

Les dimensions données sont celles d'un animal standard en position assise, mesuré du bas du dos au sommet de la tête, sans compter les oreilles, les cornes ou le toupet.

PETIT	
ÉPAISSEUR	FIN
QUANTITÉ	30-50 g
CROCHET	N° 1,5
DIMENSIONS	12 cm
ÉCHANTILLON	2 x 2 cm = 6 ms x 7 rgs

MOYEN	
ÉPAISSEUR	MOYEN
QUANTITÉ	60-100 g
CROCHET	N° 3
DIMENSIONS	18 cm
ÉCHANTILLON	3 x 3 cm = 6 ms x 7 rgs

TERMINOLOGIE

Vous trouverez l'explication détaillée de toutes les mailles et les abréviations employées dans le chapitre **Techniques** (p. 108-123).

GRAND	
ÉPAISSEUR	ÉPAIS
QUANTITÉ	300-400 g
CROCHET	N° 5
DIMENSIONS	24 cm
ÉCHANTILLON	5 x 5 cm = 6 ms x 7 rgs

GÉANT	
ÉPAISSEUR	TRÈS ÉPAIS
QUANTITÉ	600-1 000 g
CROCHET	N° 8
DIMENSIONS	34 cm
ÉCHANTILLON	7 x 7 cm = 6 ms x 7 rgs

FORMES DE BASE

Les corps, les têtes, les pattes et les oreilles commencent tous de la manière décrite ci-dessous. Pour une explication plus détaillée des techniques employées, y compris comment commencer, réaliser les mailles et changer de couleur, consultez le chapitre **Techniques** (p. 108-123).

Le disque de départ consiste à crocheter un disque en spirale en faisant des augmentations, du centre vers l'extérieur. Ce disque constitue la base du corps, des pattes et de l'arrière de la tête. Chaque partie est ensuite crochetée de bas en haut (pour le corps et les pattes) ou de l'arrière vers l'avant (pour la tête).

Chaque fois que vous terminez une partie, sauf indication contraire, coupez le fil, passez-le dans la dernière maille, tirez pour arrêter le travail puis posez une ou deux épingles pour maintenir fermé avant l'assemblage de façon que le rembourrage ne s'en aille pas. Chaque fois que vous commencez ou terminez une pièce, pensez à garder un fil assez long pour pouvoir coudre la pièce au corps. Cela facilitera l'étape du montage.

Mes explications ne précisent pas à quel moment rembourrer la tête. Je conseille de le faire lorsque votre tour ne compte plus que 6 mailles, tant que l'ouverture est assez large pour pousser le rembourrage avec le manche du crochet. Rembourrez les pattes et le corps une fois ces parties complètement terminées. Seuls les animaux au museau pointu requièrent une attention particulière, car leur tête doit être rembourrée juste avant le dernier tour. Vous trouverez d'autres conseils dans les sections **Le rembourrage et la couture** (p. 114-115) et **Les queues et les toupets** du chapitre **Techniques** (p. 118-119).

DISQUE DE DÉPART

Commencez le disque en piquant 6 ms dans un cercle magique (p. 111).

1er tour : faites 2 ms dans chaque ms = 12 ms.

2e tour : faites *1 ms dans la première ms, 2 ms dans la ms suivante* et répétez 5 autres fois = 18 ms.

3e tour : faites *1 ms dans les 2 premières ms, 2 ms dans la ms suivante* et répétez 5 autres fois = 24 ms.

4e tour : faites *1 ms dans les 3 premières ms, 2 ms dans la ms suivante* et répétez 5 autres fois = 30 ms.

5e tour : faites *1 ms dans les 4 premières ms, 2 ms dans la ms suivante* et répétez 5 autres fois = 36 ms.

6e tour : faites *1 ms dans les 5 premières ms, 2 ms dans la ms suivante* et répétez 5 autres fois = 42 ms.

CORPS DE BASE

Commencez par un disque de départ (p. 16), puis :

7e tour : faites *1 ms dans les 6 premières ms, 2 ms dans la ms suivante* et répétez 5 autres fois = 48 ms.

8e au 12e tour : faites 1 ms dans chaque ms = 5 trs.

13e tour : faites 1 ms dans les 30 premières ms et 3 fois *1 ms dans les 4 premières ms, 2 ms fermées ensemble* = 45 ms.

14e tour : faites 1 ms dans chaque ms.

15e tour : faites *1 ms dans la première ms, 2 ms fermées ensemble* et répétez 14 autres fois = 30 ms.

16e au 20e tour : faites 1 ms dans chaque ms = 5 trs.

21e tour : faites *1 ms dans les 3 premières ms, 2 ms fermées ensemble* et répétez 5 autres fois = 24 ms.

22e au 26e tour : faites 1 ms dans chaque ms = 5 trs.

27e tour : faites *1 ms dans les 2 premières ms, 2 ms fermées ensemble* et répétez 5 autres fois = 18 ms.

28e tour : faites 1 ms dans chaque ms.

29e tour : faites *2 ms fermées ensemble* et répétez 8 autres fois = 9 ms.

PATTE DE BASE

Commencez par piquer 6 ms dans un cercle magique (p. 111).

1er tour : faites 2 ms dans chaque ms = 12 ms.

2e tour : faites *1 ms dans la première ms, 2 ms dans la ms suivante* et répétez 5 autres fois = 18 ms.

3e au 6e tour : faites 1 ms dans chaque ms = 4 trs.

7e tour : faites *1 ms dans la première ms, 2 ms fermées ensemble* et répétez 5 autres fois = 12 ms.

8e au 22e tour : faites 1 ms dans chaque ms = 15 trs.

Rembourrez bien le bout de la patte mais pas trop sa hauteur, appuyez sur le haut de la patte de façon à rapprocher les bords de l'ouverture puis cousez-la sur le corps (voir **Finitions des pattes** dans la section **Le rembourrage et la couture**, p. 114).

NIVEAU 1

Les animaux du niveau 1 ne nécessitent que les techniques de base du crochet. Ils conviennent aux débutantes ayant lu le chapitre **Techniques** (p.108-123).

EMMA
le lapin

Emma est une adorable maman lapin qui aime choyer ses proches. Tout est toujours impeccable chez elle. Même si elle rechigne toujours à nouer ses oreilles en chignon et à se mettre au ménage, une fois lancée, plus rien ne l'arrête. Elle a longtemps mis ses talents créatifs de côté pour se consacrer à ses proches, mais il semble que cela soit sur le point de changer. Quelques fleurs fraîchement coupées et un peu de thé à la bergamote suffisent pour qu'Emma ressorte ses aiguilles et se remette à créer.

CE QU'IL FAUT

Coloris principal : moyen
Quelques aiguillées de coloris clair
Voir aussi la liste de matériel et de fournitures dans la partie **Laine, matériel et fournitures** (p. 10-11) et la liste des **Termes utilisés** (p. 109).

LE CORPS

Faites un corps de base avec le coloris moyen.

LA TÊTE

Commencez comme pour un disque de départ avec le coloris moyen, puis :

7e au 11e tour : faites 1 ms dans chaque ms = 5 trs.

12e tour : faites *1 ms dans les 5 premières ms, 2 ms fermées ensemble* et répétez 5 autres fois = 36 ms.

13e tour : faites 1 ms dans chaque ms.

14e tour : faites 3 fois *1 ms dans les 4 premières ms, 2 ms fermées ensemble* puis 1 ms dans les 18 dernières ms = 33 ms.

15e tour : faites 3 fois *1 ms dans les 3 premières ms, 2 ms fermées ensemble* puis 1 ms dans les 18 dernières ms = 30 ms.

16e tour : faites 1 ms dans chaque ms.

17e tour : faites *1 ms dans les 3 premières ms, 2 ms fermées ensemble* et répétez 5 autres fois = 24 ms.

18e tour : faites 12 ms puis 3 fois *1 ms dans la première ms, 2 ms fermées ensemble* = 20 ms.

19e tour : faites *1 ms dans les 2 premières ms, 2 ms fermées ensemble* et répétez 4 autres fois – 15 ms.

20e tour : faites 7 fois *2 ms fermées ensemble* et 1 ms dans la dernière ms = 8 ms.

LES OREILLES (2)

Avec le coloris moyen, piquez 6 ms dans un cercle magique.

1er tour : faites *1 ms dans la première ms, 2 ms dans la ms suivante* et répétez 2 autres fois = 9 ms.

2e et 3e tours : faites 1 ms dans chaque ms = 2 trs.

4e tour : faites *1 ms dans les 2 premières ms, 2 ms dans la ms suivante* et répétez 2 autres fois = 12 ms.

5e tour : faites 1 ms dans chaque ms.

6e tour : faites *1 ms dans les 3 premières ms, 2 ms dans la ms suivante* et répétez 2 autres fois = 15 ms.

7e tour : faites *1 ms dans les 2 premières ms, 2 ms dans la ms suivante* et répétez 4 autres fois = 20 ms.

8e au 13e tour : faites 1 ms dans chaque ms = 6 trs.

14e tour : faites *1 ms dans les 3 premières ms, 2 ms fermées ensemble* et répétez 3 autres fois = 16 ms.

15e et 16e tours : faites 1 ms dans chaque ms = 2 trs.

17e tour : faites *1 ms dans les 6 premières ms, 2 ms fermées ensemble* et répétez 1 autre fois = 14 ms.

18e au 22e tour : faites 1 ms dans chaque ms = 5 trs.

23e tour : faites *1 ms dans les 5 premières ms, 2 ms fermées ensemble* et répétez 1 autre fois = 12 ms.

24e au 30e tour : faites 1 ms dans chaque ms = 7 trs.

Alignez les bords et fermez avec un rang de ms.

LES PATTES (4)

Faites 4 pattes de base avec le coloris moyen.

LA QUEUE

Avec le coloris clair, piquez 6 ms dans un cercle magique.

1er tour : faites 2 ms dans chaque ms = 12 ms.

2e tour : faites *1 ms dans la première ms, 2 ms dans la ms suivante* et répétez 5 autres fois = 18 ms.

3e au 6e tour : faites 1 ms dans chaque ms = 4 trs.

7e tour : faites *1 ms dans la première ms, 2 ms fermées ensemble* et répétez 5 autres fois = 12 ms.

8e tour : faites *2 ms fermées ensemble* et répétez 5 autres fois = 6 ms.

LE MONTAGE

Voir **Le rembourrage et la couture** (p. 114-115) et **Les finitions du visage** (p. 116-117).

NOTE

Ne rembourrez pas les oreilles mais rembourrez fermement la queue.

ALEXANDRE
le chat bleu russe

Alex est un petit minet. Cela fait trois ans qu'il suit toutes les dernières tendances et sa pauvre mère est au désespoir. C'est un expert autoproclamé en tout ce qui est censé définir les ados modernes, et plus particulièrement la mise à jour de son profil sur les réseaux sociaux et les meilleures techniques de selfie. Il a hâte de passer son permis de conduire, non pas pour partir à l'aventure mais pour ne plus froisser ses fringues dernier cri dans les bus bondés !

CE QU'IL FAUT
Coloris unique : moyen
Voir aussi la liste de matériel et de fournitures dans la partie **Laine, matériel et fournitures** (p. 10-11) et la liste des **Termes utilisés** (p. 109).

LE CORPS

Faites un corps de base.

LA TÊTE

Commencez comme pour un disque de départ, puis :

7e au 11e tour : faites 1 ms dans chaque ms = 5 trs.

12e tour : faites *1 ms dans les 5 premières ms, 2 ms fermées ensemble* et répétez 5 autres fois = 36 ms.

13e tour : faites *1 ms dans les 4 premières ms, 2 ms fermées ensemble* et répétez 5 autres fois = 30 ms.

14e tour : faites *1 ms dans les 3 premières ms, 2 ms fermées ensemble* et répétez 5 autres fois = 24 ms.

15e tour : faites 1 ms dans chaque ms.

16e tour : faites *1 ms dans la première ms, 2 ms fermées ensemble* et répétez 7 autres fois = 16 ms.

17e tour : faites 1 ms dans chaque ms.

18e tour : faites *1 ms dans les 2 premières ms, 2 ms fermées ensemble* et répétez 3 autres fois = 12 ms.

19e tour : faites *2 ms fermées ensemble* et répétez 5 autres fois = 6 ms.

20e tour : faites *2 ms fermées ensemble* et répétez 2 autres fois = 3 ms.

LES OREILLES (2)

Faites une chaînette de 10 ml et fermez par 1 mc.

1er tour : faites 1 ms dans chaque mc.

2e tour : faites 2 ms dans chaque ms = 20 ms.

3e et 4e tours : faites 1 ms dans chaque ms = 2 trs.

5e tour : faites *1 ms dans les 8 premières ms, 2 ms fermées ensemble* et répétez 1 autre fois = 18 ms.

6e tour : faites *1 ms dans les 7 premières ms, 2 ms fermées ensemble* et répétez 1 autre fois = 16 ms.

7e tour : faites 1 ms dans chaque ms.

8e tour : faites *1 ms dans les 6 premières ms, 2 ms fermées ensemble* et répétez 1 autre fois = 14 ms.

9e tour : faites *1 ms dans les 5 premières ms, 2 ms fermées ensemble* et répétez 1 autre fois = 12 ms.

10e tour : faites *1 ms dans les 4 premières ms, 2 ms fermées ensemble* et répétez 1 autre fois = 10 ms.

11e tour : faites *1 ms dans les 3 premières ms, 2 ms fermées ensemble* et répétez 1 autre fois = 8 ms.

12e tour : faites *1 ms dans les 2 premières ms, 2 ms fermées ensemble* et répétez 1 autre fois = 6 ms.

13e tour : faites *1 ms dans la première ms, 2 ms fermées ensemble* et répétez 1 autre fois = 4 ms.

14e et 15e tours : faites 4 ms puis arrêtez le fil.

LES PATTES (4)

Faites 4 pattes de base.

LA QUEUE

Piquez 6 ms dans un cercle magique.

1e au 26e tour : faites 1 ms dans chaque ms.

LE MONTAGE

Voir **Le rembourrage et la couture** (p. 114-115) et **Les finitions du visage** (p. 116-117).

NOTE

Cousez les oreilles à l'arrière de la tête, en surfilant le tiers inférieur et en vérifiant qu'elles sont bien visibles de devant.

PIOTR
l'ours polaire

À peine diplômé, Piotr a décroché le job de ses rêves. Il mène une brillante carrière de testeur de jeux vidéo en se nourrissant de plats de restauration rapide livrés à domicile. Il travaille dans le confort du grenier de sa modeste demeure, où le chauffage est toujours au maximum, été comme hiver, car Piotr est un peu frileux. Son aversion pour la lumière du soleil et son désintérêt chronique pour les activités en extérieur l'aident à préserver sa blancheur immaculée. Piotr est l'un des meilleurs dans son domaine et attire les chasseurs de têtes, mais sa passion du métier ne l'empêche pas d'appeler sa grand-mère tous les deux jours pour prendre de ses nouvelles et s'assurer qu'elle n'a pas pris froid.

CE QU'IL FAUT

Coloris unique : clair
Voir aussi la liste de matériel et de fournitures dans la partie **Laine, matériel et fournitures** (p. 10-11) et la liste des **Termes utilisés** (p. 109).

LE CORPS

Faites un corps de base.

LA TÊTE

Commencez comme pour un disque de départ, puis :

7e au 11e tour : faites 1 ms dans chaque ms = 5 trs.

12e tour : faites *1 ms dans les 5 premières ms, 2 ms fermées ensemble* et répétez 5 autres fois = 36 ms.

13e au 15e tour : faites 1 ms dans chaque ms = 3 trs.

16e tour : faites 1 ms dans les 10 premières ms puis 4 fois *1 ms dans les 2 premières ms, 2 ms fermées ensemble* et 1 ms dans les 10 dernières ms = 32 ms.

17e tour : faites 1 ms dans les 8 premières ms puis 4 fois *1 ms dans les 2 premières ms, 2 ms fermées ensemble* et 1 ms dans les 8 dernières ms = 28 ms.

18e tour : faites 1 ms dans les 6 premières ms puis 4 fois *1 ms dans les 2 premières

ms, 2 ms fermées ensemble* et 1 ms dans les 6 dernières ms = 24 ms.

19e tour : faites 1 ms dans les 4 premières ms puis 4 fois *1 ms dans les 2 premières ms, 2 ms fermées ensemble* et 1 ms dans les 4 dernières ms = 20 ms.

20e tour : faites 1 ms dans les 4 premières ms puis 4 fois *1 ms, 2 ms fermées ensemble* et 1 ms dans les 4 dernières ms = 16 ms.

21e tour : faites 1 ms dans chaque ms.

22e tour : faites 1 ms dans les 4 premières ms puis 4 fois *2 ms fermées ensemble* et 1 ms dans les 4 dernières ms = 12 ms.

23e tour : faites *2 ms fermées ensemble* et répétez 5 autres fois = 6 ms.

LES OREILLES (2)

Piquez 6 ms dans un cercle magique.

1er tour : faites 2 ms dans chaque ms = 12 ms.

2e au 5e tour : faites 1 ms dans chaque ms = 4 trs.

6e tour : faites *2 ms fermées ensemble* et répétez 5 autres fois = 6 ms.

LES PATTES (4)

Faites 4 pattes de base.

LA QUEUE

Piquez 6 ms dans un cercle magique.

1er tour : faites 2 ms dans chaque ms = 12 ms.

2e et 3e tours : faites 1 ms dans chaque ms = 2 trs.

4e tour : faites *2 ms fermées ensemble* et répétez 5 autres fois = 6 ms.

5e tour : faites *2 ms fermées ensemble* et répétez 2 autres fois = 3 ms.

LE MONTAGE

Voir **Le rembourrage et la couture** (p. 114-115) et **Les finitions du visage** (p. 116-117).

BRIDGET
l'éléphante

Bridget a un faible pour les sucreries. Ce qu'elle aime par-dessus tout, c'est préparer des gâteaux et toutes sortes de pâtisseries… Enfant, elle jouait des heures au salon de thé avec ses poupées, et c'est comme si l'habitude lui était restée. À l'âge adulte, elle est devenue inconditionnelle des *baby showers*. Quelle joie pour elle de préparer des gâteaux et quel plaisir de siroter une tasse de thé tout en parlant de bébés ! Un jour, elle sera la meilleure maman dont un éléphanteau puisse rêver, mais en attendant elle se concentre sur sur l'éléphant de sa vie, qu'elle n'a pas encore rencontré.

CE QU'IL FAUT

Coloris unique : moyen
Voir aussi la liste de matériel et de fournitures dans la partie **Laine, matériel et fournitures** (p. 10-11) et la liste des **Termes utilisés** (p. 109).

LE CORPS

Faites un corps de base.

LA TÊTE

Commencez comme pour un disque de départ, puis :

7e au 11e tour : faites 1 ms dans chaque ms = 5 trs.

12e tour : faites *1 ms dans les 5 premières ms, 2 ms fermées ensemble* et répétez 5 autres fois = 36 ms.

13e tour : faites 1 ms dans chaque ms.

14e tour : faites 3 fois *1 ms dans les 4 premières ms, 2 ms fermées ensemble* et 1 ms dans les 18 dernières ms = 33 ms.

15e tour : faites 3 fois *1 ms dans les 3 premières ms, 2 ms fermées ensemble* et 1 ms dans les 18 dernières ms = 30 ms.

16e tour : faites 1 ms dans chaque ms.

17e tour : faites *1 ms dans les 3 premières ms, 2 ms fermées ensemble* et répétez 5 autres fois = 24 ms.

18e tour : faites 1 ms dans les 12 premières ms et 4 fois *1 ms, 2 ms fermées ensemble* = 20 ms.

19e tour : faites *1 ms dans les 2 premières ms, 2 ms fermées ensemble* et répétez 4 autres fois = 15 ms.

20e au 22e tour : faites 1 ms dans chaque ms = 3 trs.

23e tour : faites *1 ms dans la première ms, 2 ms fermées ensemble* et répétez 4 autres fois = 10 ms.

24e au 33e tour : faites 1 ms dans chaque ms = 10 trs.

Ne rembourrez que la tête, puis fermez la trompe en cousant les bords l'un contre l'autre.

LES OREILLES (2)

Commencez par un disque de départ, puis :

7e tour : faites *1 ms dans les 6 premières ms, 2 ms dans la ms suivante* et répétez 5 autres fois = 48 ms.

Pliez en deux et fermez les bords avec un rang de ms.

LES PATTES (4)

Piquez 6 ms dans un cercle magique.

1er tour : faites 2 ms dans chaque ms = 12 ms.

2e tour : faites *1 ms dans la première ms, 2 ms dans la ms suivante* et répétez 5 autres fois = 18 ms.

3e tour : faites *1 ms dans les 2 premières ms, 2 ms dans la ms suivante* et répétez 5 autres fois = 24 ms.

4e au 6e tour : faites 1 ms dans chaque ms = 3 trs.

7e tour : faites *1 ms dans la première ms, 2 ms fermées ensemble* et répétez 7 autres fois = 16 ms.

8e tour : faites *1 ms dans les 2 premières ms, 2 ms fermées ensemble* et répétez 3 autres fois = 12 ms.

9e au 24e tour : faites 1 ms dans chaque ms = 16 trs.

LA QUEUE

Avec 4 fils, faites une chaînette de 6 grosses ml et, avec 1 fil, terminez par 3 boucles de 10 ml.

LE MONTAGE

Voir **Le rembourrage et la couture** (p. 114-115) et **Les finitions du visage** (p. 116-117).

NOTE

Vous serez peut-être tentée de rembourrer la trompe, mais cette partie est plus jolie sans rembourrage, de même que les pattes.

SIMON
le mouton

Simon est un célibataire méticuleux à qui la vie sourit. Après un petit accident de parcours, il y a quelques années, il a échangé son hypothèque contre une voiture de sport rouge, a emménagé dans un logement plus petit mais doté d'une télé plasma XXL et a appris à faire du wakeboard. Simon est satisfait de sa vie de dentiste, car elle lui laisse tout le loisir de soigner son apparence. Sans compter le temps qu'il passe à vérifier que ses sourcils sont bien taillés en observant son reflet sur les dents éclatantes de ses patients. La vie est belle pour ce mouton qui ne connaît pas la crise.

CE QU'IL FAUT

Coloris unique : clair
Voir aussi la liste de matériel et de fournitures dans la partie **Laine, matériel et fournitures** (p. 10-11) et la liste des **Termes utilisés** (p. 109).

LE CORPS

Faites un corps de base.

LA TÊTE

Commencez comme pour un disque de départ, puis :

7e au 11e tour : faites 1 ms dans chaque ms = 5 trs.

12e tour : faites *1 ms dans les 5 premières ms, 2 ms fermées ensemble* et répétez 5 autres fois = 36 ms.

13e et 14e tours : faites 1 ms dans chaque ms = 2 trs.

15e tour : faites 1 ms dans les 4 premières ms, puis 3 fois *2 ms fermées ensemble* et 1 ms dans les 26 dernières ms = 33 ms.

16e tour : faites 1 ms dans les 3 premières ms puis 3 fois *2 ms fermées ensemble* et 1 ms dans les 24 dernières ms = 30 ms.

17e tour : faites 1 ms dans chaque ms.

18e tour : faites *1 ms dans les 3 premières ms, 2 ms fermées ensemble* et répétez 5 autres fois = 24 ms.

19e au 21e tour : faites 1 ms dans chaque ms = 3 trs.

22e tour : faites *1 ms dans les 2 premières ms, 2 ms fermées ensemble* et répétez 5 autres fois = 18 ms.

23e tour : faites 1 ms dans chaque ms.

24e tour : faites *1 ms dans la première ms, 2 ms fermées ensemble* et répétez 5 autres fois = 12 ms.

25e tour : faites *2 ms fermées ensemble* et répétez 5 autres fois = 6 ms.

LES OREILLES (2)

Piquez 6 ms dans un cercle magique.

1er tour : faites 2 ms dans chaque ms = 12 ms.

2e au 5e tour : faites 1 ms dans chaque ms = 4 trs.

6e tour : faites *2 ms fermées ensemble* et répétez 5 autres fois = 6 ms.

LES PATTES (4)

Faites 4 pattes de base.

LA QUEUE

Piquez 6 ms dans un cercle magique.

1er tour : faites 2 ms dans chaque ms = 12 ms.

2e au 4e tour : faites 1 ms dans chaque ms = 3 trs.

5e tour : faites *2 ms fermées ensemble* et répétez 5 autres fois = 6 ms.

6e tour : faites 1 ms dans chaque ms.

LA TOISON

Couvrez le corps de boucles de 8 ml, sauf au niveau des pattes arrière pour que la peluche tienne bien assise.

LE MONTAGE

Voir **Le rembourrage et la couture** (p. 114-115) et **Les finitions du visage** (p. 116-117).

NOTE

Assemblez toutes les pièces avant de faire la toison.

GEORGINA
l'hippopotame

Georgina est une princesse parmi les hippopotames. Malgré son doctorat ès un-sujet-scientifique-très-pointu à l'acronyme interminable, elle n'est jamais aussi concentrée que les soirs de week-end où elle teste la dernière technique de *nail art* à la mode. Son secret pour se remettre du stress de la semaine ? Des sushis à emporter et une soirée télé-réalité. On peut toujours compter sur Georgina. Elle est l'amie de tout le monde et jamais personne ne l'entend se plaindre ou se lamenter, ce qui fait d'elle l'animal le plus positif du point d'eau.

CE QU'IL FAUT

Coloris unique : moyen
Voir aussi la liste de matériel et de fournitures dans la partie **Laine, matériel et fournitures** (p. 10-11) et la liste des **Termes utilisés** (p. 109).

LE CORPS

Faites un corps de base.

LA TÊTE

Commencez comme pour un disque de départ, puis :

3e tour : faites *1 ms dans les 2 premières ms, 2 ms dans la ms suivante* et répétez 5 autres fois = 24 ms.

4e au 8e tour : faites 1 ms dans chaque ms = 5 trs.

9e tour : faites *1 ms dans les 2 premières ms, 2 ms fermées ensemble* et répétez 5 autres fois = 18 ms.

10e tour : faites *1 ms dans la première ms, 2 ms dans la ms suivante* et répétez 8 autres fois = 27 ms.

11e tour : faites 1 ms dans chaque ms.

12e tour : faites *1 ms dans les 8 premières ms, 2 ms dans la ms suivante* et répétez 2 autres fois = 30 ms.

13e tour : faites *1 ms dans les 9 premières ms, 2 ms dans la ms suivante* et répétez 2 autres fois = 33 ms.

14e tour : faites *1 ms dans les 10 premières ms, 2 ms dans la ms suivante* et répétez 2 autres fois = 36 ms.

15e tour : faites *1 ms dans les 11 premières ms, 2 ms dans la ms suivante* et répétez 2 autres fois = 39 ms.

16e tour : faites *1 ms dans les 12 premières ms, 2 ms dans la ms suivante* et répétez 2 autres fois = 42 ms.

17e tour : faites 1 ms dans chaque ms.

18e tour : faites *1 ms dans la première ms, 2 ms fermées ensemble* et répétez 13 autres fois = 28 ms.

19e tour : faites *1 ms dans les 5 premières ms, 2 ms fermées ensemble* et répétez 3 autres fois = 24 ms.

20e tour : faites *1 ms dans les 2 premières ms, 2 ms fermées ensemble* et répétez 5 autres fois = 18 ms.

LES OREILLES (2)

Piquez 6 ms dans un cercle magique.

1er tour : faites 2 ms dans chaque ms = 12 ms.

2e au 5e tour : faites 1 ms dans chaque ms = 4 trs.

6e tour : faites *2 ms fermées ensemble* et répétez 5 autres fois = 6 ms.

LES PATTES (4)

Piquez 6 ms dans un cercle magique.

1er tour : faites 2 ms dans chaque ms = 12 ms.

2e tour : faites *1 ms dans la première ms, 2 ms dans la ms suivante* et répétez 5 autres fois = 10 ms.

3e tour : faites *1 ms dans les 2 premières ms, 2 ms dans la ms suivante* et répétez 5 autres fois = 24 ms.

4e au 6e tour : faites 1 ms dans chaque ms = 3 trs.

7e tour : faites *1 ms dans la première ms, 2 ms fermées ensemble* et répétez 7 autres fois = 16 ms.

8e tour : faites *1 ms dans les 2 premières ms, 2 ms fermées ensemble* et répétez 3 autres fois = 12 ms.

9e au 24e tour : faites 1 ms dans chaque ms = 16 trs.

LA QUEUE

Avec 4 fils, faites une chaînette de 8 grosses ml et, avec 1 fil, terminez par 3 boucles de 10 ml.

LES NARINES (2)

Faites 2 disques de départ et cousez-les sur le museau.

LE MONTAGE

Voir **Le rembourrage et la couture** (p. 114-115) et **Les finitions du visage** (p. 116-117).

SEAMUS
l'alpaga

Seamus se prend pour un grand acteur. Le seul inconvénient quand on a un visage capable de donner le change dans n'importe quelle situation, c'est le combat perpétuel qu'il faut livrer contre l'indomptable toison qui l'entoure. Cela fait 25 ans que Seamus est la tête d'affiche de la société d'art dramatique amateur de son village et cela n'a fait qu'accélérer l'épanouissement de son caractère exubérant. Personne ne peut nier la puissance et la profondeur de sa voix chantante. Tous les jours, on l'entend qui mugit par les fenêtres ouvertes de sa maison pour accompagner le chant matinal des oiseaux.

CE QU'IL FAUT

Coloris unique : foncé
Voir aussi la liste de matériel et de fournitures dans la partie **Laine, matériel et fournitures** (p. 10-11) et la liste des **Termes utilisés** (p. 109).

LE CORPS

Commencez comme pour un corps de base, puis :

22e au 29e tour : faites 1 ms dans chaque ms = 8 trs.

30e tour : faites *1 ms dans les 2 premières ms, 2 ms fermées ensemble* et répétez 5 autres fois = 18 ms.

31e au 34e tour : faites 1 ms dans chaque ms = 4 trs.

35e tour : faites *2 ms fermées ensemble* et répétez 8 autres fois = 9 ms.

LA TÊTE

Commencez comme pour un disque de départ, puis :

7e au 11e tour : faites 1 ms dans chaque ms = 5 trs.

12e tour : faites *1 ms dans les 5 premières ms, 2 ms fermées ensemble* et répétez 5 autres fois = 36 ms.

13e tour : faites 1 ms dans chaque ms.

14e tour : faites *1 ms dans les 4 premières ms, 2 ms fermées ensemble* et répétez 5 autres fois = 30 ms.

15e tour : faites *1 ms dans les 3 premières ms, 2 ms fermées ensemble* et répétez 5 autres fois = 24 ms.

16e au 18e tour : faites 1 ms dans chaque ms = 3 trs.

19e tour : faites *1 ms dans les 4 premières ms, 2 ms fermées ensemble* et répétez 3 autres fois = 20 ms.

20e tour : faites *1 ms dans les 3 premières ms, 2 ms fermées ensemble* et répétez 3 autres fois = 16 ms.

21e et 22e tours : faites 1 ms dans chaque ms = 2 trs.

23e tour : faites *2 ms fermées ensemble* et répétez 7 autres fois = 8 ms.

24e tour : faites 1 ms dans chaque ms.

LES OREILLES (2)

Piquez 6 ms dans un cercle magique.

1er tour : faites 2 ms dans chaque ms = 12 ms.

2e tour : faites *1 ms dans la première ms, 2 ms dans la ms suivante* et répétez 5 autres fois = 18 ms.

3e et 4e tours : faites 1 ms dans chaque ms = 2 trs.

5e tour : faites *1 ms dans la première ms, 2 ms fermées ensemble* et répétez 5 autres fois = 12 ms.

6e tour : faites 1 ms dans chaque ms.

7e tour : faites *2 ms fermées ensemble* et répétez 5 autres fois = 6 ms.

LES PATTES (4)

Faites 4 pattes de base.

LA QUEUE

Piquez 6 ms dans un cercle magique.

1er tour : faites 2 ms dans chaque ms = 12 ms.

2e au 5e tour : faites 1 ms dans chaque ms = 4 trs.

6e tour : faites *2 ms fermées ensemble* et répétez 5 autres fois = 6 ms.

LE TOUPET

Couvrez le sommet de la tête de boucles de 8 ml, avec un rang plus dense de boucles de 10 ml sur le devant, entre les oreilles, pour la frange.

LE MONTAGE

Voir **Le rembourrage et la couture** (p. 114-115) et **Les finitions du visage** (p. 116-117).

AUSTIN
le rhinocéros

Austin est un rhinocéros de haut vol. Entre ses voyages aux commandes de jets privés, ses quatre filles et sa femme, c'est un père de famille travailleur et comblé. Lorsqu'il ne pilote pas, il se défoule sur le rameur de la salle de gym. Austin et son épouse aiment se montrer dans les bars à cocktails les plus snobs du monde entier, où on les reconnaît à leur rire sonore et l'éclat de leur corne toujours parfaitement polie.

CE QU'IL FAUT
Coloris principal : foncé
Quelques aiguillées de coloris clair
Voir aussi la liste de matériel et de fournitures dans la partie **Laine, matériel et fournitures** (p. 10-11) et la liste des **Termes utilisés** (p. 109).

LE CORPS
Faites un corps de base avec le coloris foncé.

LA TÊTE
Commencez comme pour un disque de départ avec le coloris foncé, puis :

7e au 11e tour : faites 1 ms dans chaque ms = 5 trs.

12e tour : faites *1 ms dans les 5 premières ms, 2 ms fermées ensemble* et répétez 5 autres fois = 36 ms.

13e tour : faites *1 ms dans les 4 premières ms, 2 ms fermées ensemble* et répétez 5 autres fois = 30 ms.

14e tour : faites *1 ms dans les 3 premières ms, 2 ms fermées ensemble* et répétez 5 autres fois = 24 ms.

15e tour : faites 1 ms dans les 12 premières ms et 4 fois *1 ms dans la ms suivante, 2 ms fermées ensemble* = 20 ms.

16e au 18e tour : faites 1 ms dans chaque ms = 3 trs.

19e tour : faites *1 ms dans les 3 premières ms, 2 ms dans la ms suivante* et répétez 4 autres fois = 25 ms.

20e au 22e tour : faites 1 ms dans chaque ms = 3 trs.

23e tour : faites *1 ms dans les 3 premières ms, 2 ms fermées ensemble* et répétez 4 autres fois = 20 ms.

24e tour : faites *1 ms dans les 2 premières ms, 2 ms fermées ensemble* et répétez 4 autres fois = 15 ms.

25e tour : faites *1 ms dans la première ms,

2 ms fermées ensemble* et répétez 4 autres fois = 10 ms.

26e tour : faites *2 ms fermées ensemble* et répétez 4 autres fois = 5 ms.

LES OREILLES (2)

Avec le coloris foncé, piquez 6 ms dans un cercle magique.

1er tour : faites 2 ms dans chaque ms = 12 ms.

2e au 5e tour : faites 1 ms dans chaque ms = 4 trs.

6e tour : faites *2 ms fermées ensemble* et répétez 5 autres fois = 6 ms.

LES PATTES (4)

Avec le coloris foncé, piquez 6 ms dans un cercle magique.

1er tour : faites 2 ms dans chaque ms = 12 ms.

2e tour : faites *1 ms dans la première ms, 2 ms dans la ms suivante* et répétez 5 autres fois = 18 ms.

3e tour : faites *1 ms dans les 2 premières ms, 2 ms dans la ms suivante* et répétez 5 autres fois = 24 ms.

4e au 6e tour : faites 1 ms dans chaque ms = 3 trs.

7e tour : faites *1 ms dans la première ms, 2 ms fermées ensemble* et répétez 7 autres fois = 16 ms.

8e tour : faites *1 ms dans les 2 premières ms, 2 ms fermées ensemble* et répétez 3 autres fois = 12 ms.

9e au 24e tour : faites 1 ms dans chaque ms = 16 trs.

LA QUEUE

Avec 4 fils de coloris foncé, faites une chaînette de 8 grosses ml.

LA CORNE

Avec le coloris clair, faites une chaînette de 12 ml et fermez par 1 mc.

1er tour : faites 1 ms dans chaque ml.

2e tour : faites 1 ms dans les 10 premières ms et 2 ms fermées ensemble = 11 ms.

3e tour : faites 1 ms dans les 9 premières ms et 2 ms fermées ensemble = 10 ms.

4e tour : faites 1 ms dans les 8 premières ms et 2 ms fermées ensemble = 9 ms.

5e tour : faites 1 ms dans les 7 premières ms et 2 ms fermées ensemble = 8 ms.

6e tour : faites 1 ms dans les 6 premières ms et 2 ms fermées ensemble = 7 ms.

7e tour : faites 1 ms dans les 5 premières ms et 2 ms fermées ensemble = 6 ms.

8e tour : faites 1 ms dans les 4 premières ms et 2 ms fermées ensemble = 5 ms.

9e tour : faites 1 ms dans les 3 premières ms et 2 ms fermées ensemble = 4 ms.

10e tour : faites 1 ms dans les 2 premières ms et 2 ms fermées ensemble = 3 ms.

11e tour : faites 3 ms fermées ensemble.

Rembourrez la corne et cousez-la sur le nez, en l'incurvant vers le front.

LE MONTAGE

Voir **Le rembourrage et la couture** (p. 114-115) et **Les finitions du visage** (p. 116-117).

RUFUS
le lion

Rufus est un mauvais plombier qui s'ignore et cela lui a valu bien des mésaventures. Parmi les « incidents » les plus spectaculaires et désastreux de sa carrière, citons le jour où il a traversé un plafond pour finir agrippé à un réservoir d'eau, celui où il a dû appeler les pompiers parce que sa queue était coincée dans une canalisation ou encore la fois où il a provoqué une explosion en installant un déshumidificateur dans le réduit qui lui sert cave. Rufus est pétri de bonnes intentions, mais il a passé au moins la moitié de ses cours du soir endormi sur son pupitre et a eu beaucoup de chance le jour de l'examen final. Heureusement, comme il s'est lancé dans la plomberie sur le tard, après une belle carrière de vendeur de téléviseurs, il ne va pas tarder à prendre sa retraite.

CE QU'IL FAUT
Coloris principal : moyen
Second coloris : foncé
Voir aussi la liste de matériel et de fournitures dans la partie **Laine, matériel et fournitures** (p. 10-11) et la liste des **Termes utilisés** (p. 109).

LE CORPS

Faites un corps de base avec le coloris moyen.

LA TÊTE

Commencez comme pour un disque de départ avec le coloris moyen, puis :

7e au 11e tour : faites 1 ms dans chaque ms = 5 trs.

12e tour : faites 1 ms dans les 10 premières ms, 2 ms fermées ensemble, 1 ms dans les 5 ms suivantes, 2 ms fermées ensemble, 1 ms dans les 10 ms suivantes, 2 ms fermées ensemble, 1 ms dans les 5 ms suivantes, 2 ms fermées ensemble et 1 ms dans les 4 dernières ms = 38 ms.

13e tour : faites 1 ms dans les 14 premières ms, 2 ms fermées ensemble, 1 ms dans les 6 ms suivantes, 2 ms fermées ensemble et 1 ms dans les 14 dernières ms = 36 ms.

14e tour : faites *1 ms dans les 4 premières ms, 2 ms fermées ensemble* et répétez 5 autres fois = 30 ms.

15e tour : faites *1 ms dans les 3 premières ms, 2 ms fermées ensemble* et répétez 5 autres fois = 24 ms.

16e tour : faites 1 ms dans les 9 premières ms, 2 ms fermées ensemble, 1 ms dans les 2 ms suivantes, 2 ms fermées ensemble et 1 ms dans les 9 dernières ms = 22 ms.

17e tour : faites 1 ms dans les 7 premières ms, 2 ms fermées ensemble, 1 ms dans les 2 ms suivantes, 2 ms fermées ensemble et 1 ms dans les 9 dernières ms = 20 ms.

18e au 23e tour : faites 1 ms dans chaque ms = 5 trs.

24e tour : faites *2 ms fermées ensemble* et répétez 9 autres fois = 10 ms.

25e tour : faites *2 ms fermées ensemble* et répétez 4 autres fois = 5 ms.

LES OREILLES (2)

Avec le coloris moyen, piquez 6 ms dans un cercle magique.

1er tour : faites 2 ms dans chaque ms = 12 ms.

2e tour : faites *1 ms dans la première ms, 2 ms dans la ms suivante* et répétez 5 autres fois = 18 ms.

3e au 5e tour : faites 1 ms dans chaque ms = 3 trs.

6e tour : faites *1 ms dans la première ms, 2 ms fermées ensemble* = 12 ms.

7e tour : faites *2 ms fermées ensemble* et répétez 5 autres fois = 6 ms.

LES PATTES (4)

Faites 4 pattes de base avec le coloris moyen.

LA QUEUE

Avec 4 fils de coloris moyen, faites une chaînette de 18 grosses ml et, avec 1 fil de coloris foncé, terminez par 6 boucles de 10 ml.

LA CRINIÈRE

Avec le coloris foncé, couvrez tout le tour de la tête avec des boucles de 10 ml et faites 3 boucles de 15 ml sous le menton.

LE MONTAGE

Voir **Le rembourrage et la couture** (p. 114-115) et **Les finitions du visage** (p. 116-117).

NOTE

Ne serrez pas trop les boucles de la crinière ou la tête de votre lion sera si lourde que même son ventre ne suffira plus à lui faire tenir l'équilibre !

RICHARD
le cochon blanc

Richard n'a pas de téléphone portable. C'est un néo-révolutionnaire profondément enraciné dans son lotissement et qui lit son journal de la dernière à la première page. C'est un ancien footballeur professionnel, qui a échangé les crampons contre les pantoufles juste avant que le glamour s'empare de la discipline. Internet reste une contrée inexplorée pour lui, en dépit des efforts de ses nombreux petits-enfants, qui l'ont déjà inscrit à plusieurs cours d'informatique. Ses arrière-petits-enfants adorent leur « arrière-grand-cochon » et ses petites lubies, mais ils tremblent dès qu'il les met au défi d'arrêter un de ses tirs au but.

CE QU'IL FAUT
Coloris unique : clair
Voir aussi la liste de matériel et de fournitures dans la partie **Laine, matériel et fournitures** (p. 10-11) et la liste des **Termes utilisés** (p. 109).

LE CORPS

Faites un corps de base.

LA TÊTE

Commencez comme pour un disque de départ, puis :

7e au 11e tour : faites 1 ms dans chaque ms = 5 trs.

12e tour : faites *1 ms dans les 5 premières ms, 2 ms fermées ensemble* et répétez 5 autres fois = 36 ms.

13e tour : faites 1 ms dans chaque ms.

14e tour : faites 3 fois *1 ms dans les 4 premières ms, 2 ms fermées ensemble* et 1 ms dans les 18 dernières ms = 33 ms.

15e tour : faites 3 fois *1 ms dans les 3 premières ms, 2 ms fermées ensemble* et 1 ms dans les 18 dernières ms = 30 ms.

16e tour : faites 1 ms dans chaque ms.

17e tour : faites *1 ms dans les 3 premières ms, 2 ms fermées ensemble* et répétez 5 autres fois = 24 ms.

18e tour : faites 1 ms dans les 12 premières ms et 4 fois *1 ms dans la ms suivante, 2 ms fermées ensemble* = 20 ms.

19e tour : faites *1 ms dans les 2 premières ms, 2 ms fermées ensemble* et répétez 4 autres fois = 15 ms.

20e et 21e tours : faites 1 ms dans chaque ms = 2 trs.

22e tour : faites *1 ms dans la première ms, 2 ms fermées ensemble* et répétez 4 autres fois = 10 ms.

23e tour : faites *2 ms fermées ensemble* et répétez 4 autres fois = 5 ms.

LES OREILLES (2)

Commencez comme pour un disque de départ, puis :

4e tour : faites *1 ms dans les 3 premières ms, 2 ms dans la ms suivante* et répétez 5 autres fois = 30 ms.

LES PATTES (4)

Faites 4 pattes de base.

LA QUEUE

Faites une chaînette de 10 ml, tournez et faites 2 ms dans chaque ml = 20 ms.

LE MONTAGE

Voir **Le rembourrage et la couture** (p. 114-115) et **Les finitions du visage** (p. 116-117).

NOTES

Pliez chaque oreille en deux, endroit visible, et fermez la moitié du demi-cercle obtenu avec un rang de ms. Enfin, ouvrez la base de l'oreille et cousez-la sur la tête, pointe vers l'avant.

NIVEAU 2

Les animaux du niveau 2 nécessitent des changements de coloris simples. Coupez le fil après chaque changement et ne nouez pas les bouts, laissez-les à l'intérieur de la pièce que vous crochetez. De plus, pour certaines formes, les explications ne seront pas données tour par tour, mais comme s'il s'agissait d'un seul et même grand tour, ce que nous avons appelé la « forme libre ».

GERMAINE
le gorille

Germaine n'est pas une grand-mère comme les autres. Elle considère tout le monde comme ses petits-enfants. Elle possède un coffre à jouets rempli d'objets merveilleux collectionnés pendant soixante années de babysitting et qui ont stimulé l'imagination de centaines d'enfants. Son ombre à paupières bleue en dit long sur sa coquetterie. Elle l'étale en couches si épaisses que certains se demandent s'il lui arrive de se démaquiller. Pour rester en forme, Germaine marche plus de huit kilomètres par jour et en profite pour jeter un œil par les fenêtres de ses voisins, toujours parfaitement maquillée, les jambes de pantalon soigneusement rentrées dans les chaussettes et sa capuche de pluie sur la tête.

CE QU'IL FAUT

Coloris principal : foncé
Second coloris : moyen
Voir aussi la liste de matériel et de fournitures dans la partie **Laine, matériel et fournitures** (p. 10-11) et la liste des **Termes utilisés** (p. 109).

LE CORPS

Faites un corps de base avec le coloris foncé.

LA TÊTE

Commencez comme pour un disque de départ avec le coloris foncé, puis :

7ᵉ au 11ᵉ tour : faites 1 ms dans chaque ms = 5 trs.

12ᵉ tour : faites *1 ms dans les 5 premières ms, 2 ms fermées ensemble* et répétez 5 autres fois = 36 ms.

13ᵉ tour : faites 1 ms dans chaque ms.

14ᵉ tour : faites 3 fois *1 ms dans les 4 premières ms, 2 ms fermées ensemble* et 1 ms dans les 18 dernières ms = 33 ms.

15ᵉ tour : faites 3 fois *1 ms dans les 3 premières ms, 2 ms fermées ensemble* et 1 ms dans les 18 dernières ms = 30 ms.

16ᵉ tour : faites 1 ms dans chaque ms.

17ᵉ tour : faites *1 ms dans les 3 premières ms, 2 ms fermées ensemble* et répétez 5 autres fois = 24 ms.

18ᵉ tour : faites 1 ms dans les 12 premières ms et 4 fois *1 ms, 2 ms fermées ensemble* = 20 ms.

19ᵉ tour : faites *1 ms dans les 2 premières ms, 2 ms fermées ensemble* et répétez 4 autres fois = 15 ms.

20ᵉ tour : faites 7 fois *2 ms fermées ensemble* et 1 ms dans la dernière ms = 8 ms.

LA BOUCHE

Commencez comme pour un disque de départ avec le coloris moyen, puis :

3ᵉ tour : faites *1 ms dans les 2 premières ms, 2 ms dans la ms suivante* et répétez 5 autres fois = 24 ms.

4ᵉ au 6ᵉ tour : faites 1 ms dans chaque ms = 3 trs.

LES OREILLES (2)

Avec le coloris moyen, piquez 6 ms dans un cercle magique.

1ᵉʳ tour : faites 2 ms dans chaque ms = 12 ms.

2ᵉ au 4ᵉ tour : faites 1 ms dans chaque ms = 3 trs.

5ᵉ tour : faites *2 ms fermées ensemble* et répétez 5 autres fois = 6 ms.

LES PATTES (4)

Faites 2 pattes de base avec le coloris moyen, en changeant de coloris au 8ᵉ tour. Crochetez les 2 autres pattes de la même manière mais en faisant 6 trs de plus = 28 trs.

LE TOUR DES YEUX

Avec le coloris moyen, faites une chaînette de 16 ml et fermez par 1 mc.

1ᵉʳ tour : faites à l'intérieur du cercle en chaînette 2 ms dans les 4 premières ms*, 1 ms dans les 4 ml suivantes, 2 ms dans les 4 ml suivantes et 1 ms dans les 4 dernières ml. Cousez l'anneau en travers de la tête, pour former une sorte de masque arrondi aux extrémités.

LE MONTAGE

Voir **Le rembourrage et la couture** (p. 114-115) et **Les finitions du visage** (p. 116-117).

NOTES

Rembourrez la bouche et cousez le tour des yeux juste au-dessus. Faites 3 boucles de 10 ml au sommet de la tête en les attachant toutes à la même maille, pour former un petit toupet.

WINSTON
le fourmilier

Winston possède quatre chats. Le sourire béat qui suit chacun de ses « bonjour » ou « bonsoir » a le don de mettre tout le monde de bonne humeur. Quand il ne s'occupe pas de ses chats, ce saxophoniste confirmé passe son temps libre sur les pistes de ski. Il se rend dans les Alpes trois fois par an, avec un équipement totalement anachronique. Mais si vous voyez une combi fluo délavée passer tout schuss à plus de 100 kilomètres-heure, alors pas de doute : c'est « Wins' » l'oryctérope qui vient de vous doubler.

CE QU'IL FAUT

Coloris principal : foncé
Second coloris : moyen
Voir aussi la liste de matériel et de fournitures dans la partie **Laine, matériel et fournitures** (p. 10-11) et la liste des **Termes utilisés** (p. 109).

LE CORPS

Faites un corps de base avec le coloris foncé.

LA TÊTE

Commencez comme pour un disque de départ avec le coloris moyen, puis :

7e au 11e tour : faites 1 ms dans chaque ms = 5 trs.

12e tour : faites *1 ms dans les 5 premières ms, 2 ms fermées ensemble* et répétez 5 autres fois = 36 ms.

13e tour : faites *1 ms dans les 4 premières ms, 2 ms fermées ensemble* et répétez 5 autres fois = 30 ms.

14e tour : faites 1 ms dans chaque ms.

15e tour : faites *1 ms dans les 3 premières ms, 2 ms fermées ensemble* et répétez 5 autres fois = 24 ms.

16e tour : faites 1 ms dans chaque ms.

17e tour : faites *1 ms dans les 2 premières ms, 2 ms fermées ensemble* et répétez 5 autres fois = 18 ms.

18e au 24e tour : faites 1 ms dans chaque ms = 7 trs.

25e tour : faites *1 ms dans la première ms, 2 ms fermées ensemble* et répétez 5 autres fois = 12 ms.

26e au 28e tour : faites 1 ms dans chaque ms = 3 trs.

29e tour : faites *1 ms dans la première ms, 2 ms dans la ms suivante* et répétez 5 autres fois = 18 ms.

LES OREILLES (2)

Avec le coloris moyen, faites une chaînette de 10 ml et fermez par 1 mc.

1er tour : faites 1 ms dans chaque ml = 4 trs.

2e au 4e tour : faites 1 ms dans chaque ms = 3 trs

5e tour : faites *1 ms dans les 4 premières ms, 2 ms dans la ms suivante* et répétez 1 autre fois = 12 ms.

6e tour : faites 1 ms dans chaque ms.

7e tour : faites *1 ms dans les 5 premières ms, 2 ms dans la ms suivante* et répétez 1 autre fois = 14 ms.

8e au 10e tour : faites 1 ms dans chaque ms = 3 trs.

11e tour : faites *1 ms dans les 5 premières ms, 2 ms fermées ensemble* et répétez 1 autre fois = 12 ms.

12e tour : faites *1 ms dans les 4 premières ms, 2 ms fermées ensemble* et répétez 1 autre fois = 10 ms.

13e tour : faites *1 ms dans les 3 premières ms, 2 ms fermées ensemble* et répétez 1 autre fois = 8 ms.

14e tour : faites *1 ms dans les 2 premières ms, 2 ms fermées ensemble* et répétez 1 autre fois = 6 ms.

15e tour : faites 1 ms dans chaque ms.

16e tour : faites *2 ms fermées ensemble* et répétez 2 autres fois = 3 ms.

17e tour : faites 3 ms fermées ensemble.

LES PATTES (4)

Commencez les pattes de base avec le coloris moyen et changez de coloris au 3e tour.

LA QUEUE

Travaillez en forme libre, et non en tours, avec le coloris moyen : faites une chaînette de 12 ml et fermez par 1 mc, puis faites 1 ms dans les 36 premières ms, 2 ms fermées ensemble, 1 ms dans les 30 ms suivantes, 2 ms fermées ensemble, 1 ms dans les 30 ms suivantes, 2 ms fermées ensemble, 1 ms dans les 20 ms suivantes, 2 ms fermées ensemble, 1 ms dans les 15 ms suivantes, 2 ms fermées ensemble, 1 ms dans les 15 ms suivantes et 2 fois *2 ms fermées ensemble* pour former la pointe.

LE MONTAGE

Voir **Le rembourrage et la couture** (p. 114-115) et **Les finitions du visage** (p. 116-117).

NOTES

Rembourrez la tête et la trompe, rentrez le bout de la trompe à l'intérieur et faites 1 rang de ms piquées dans l'avant-dernier rang de la trompe. Remettez le bout de la trompe à plat et fermez avec le fil du bout de la trompe. Rembourrez la queue fermement pour qu'elle soit bien tendue puis cousez-la au dos.

PÉNÉLOPE
l'ourse

Pénélope est une ourse ambitieuse à qui rien ne résiste et qui s'exprime à travers son impressionnante collection de chaussures de luxe absolument hors de prix. Débordante d'idées, c'est une travailleuse acharnée qui atteint ses objectifs et tire toujours le meilleur des équipes qu'elle dirige. Sa boisson signature est un cocktail complexe à base de champagne dont aucun barman n'a jamais entendu parler, mais ce n'est pas une grande noceuse et elle est connue pour toujours s'éclipser en premier, après avoir discrètement réglé l'addition pour tout le monde.

CE QU'IL FAUT

Coloris principal : foncé
Second coloris : clair
Voir aussi la liste de matériel et de fournitures dans la partie **Laine, matériel et fournitures** (p. 10-11) et la liste des **Termes utilisés** (p. 109).

LE CORPS

Faites un corps de base avec le coloris foncé.

LA TÊTE

Commencez comme pour un disque de départ avec le coloris foncé, puis :

7e au 11e tour : faites 1 ms dans chaque ms = 5 trs.

12e tour : faites *1 ms dans les 5 premières ms, 2 ms fermées ensemble* et répétez 5 autres fois = 36 ms.

13e au 15e tour : faites 1 ms dans chaque ms = 3 trs.

16e tour : faites 1 ms dans les 10 premières ms puis 4 fois *1 ms dans les 2 premières ms, 2 ms fermées ensemble* et 1 ms dans les 10 dernières ms = 32 ms.

17e tour : faites 1 ms dans les 8 premières ms puis 4 fois *1 ms dans les 2 premières ms, 2 ms fermées ensemble* et 1 ms dans les 8 dernières ms = 28 ms.

Prenez le coloris clair.

18e tour : faites 1 ms dans les 6 premières ms puis 4 fois *1 ms dans les 2 premières ms, 2 ms fermées ensemble* et 1 ms dans les 6 dernières ms = 24 ms.

19e tour : faites 1 ms dans les 4 premières ms puis 4 fois *1 ms dans les 2 premières ms, 2 ms fermées ensemble* et 1 ms dans les 4 dernières ms = 20 ms.

20e tour : faites 1 ms dans les 4 premières ms puis 4 fois *1 ms, 2 ms fermées ensemble* et 1 ms dans les 4 dernières ms = 16 ms.

21e tour : faites 1 ms dans chaque ms.

22e tour : faites 1 ms dans les 4 premières ms puis 4 fois *2 ms fermées ensemble* et 1 ms dans les 4 dernières ms = 12 ms.

23e tour : faites *2 ms fermées ensemble* et répétez 5 autres fois = 6 ms.

LES OREILLES (2)

Avec le coloris foncé, piquez 6 ms dans un cercle magique.

1er tour : faites 2 ms dans chaque ms = 12 ms.

2e au 5e tour : faites 1 ms dans chaque ms = 4 trs.

6e tour : faites *2 ms fermées ensemble* et répétez 5 autres fois = 6 ms.

LES PATTES (4)

Faites 4 pattes de base avec le coloris foncé.

LA QUEUE

Avec le coloris foncé, piquez 6 ms dans un cercle magique.

1er tour : faites 2 ms dans chaque ms = 12 ms.

2e et 3e tours : faites 1 ms dans chaque ms = 2 trs.

4e tour : faites *2 ms fermées ensemble* et répétez 5 autres fois = 6 ms.

5e tour : faites *2 ms fermées ensemble* et répétez 2 autres fois = 3 ms.

LE MONTAGE

Voir **Le rembourrage et la couture** (p. 114-115) et **Les finitions du visage** (p. 116-117).

HANK
le mouton dorset

Hank est un bélier globe-trotteur, qui n'aime rien tant qu'aller par monts et par vaux découvrir de nouveaux horizons. Déjà petit, il partait brouter les prairies des contrées les plus lointaines et revenait régulièrement raconter ses aventures à son troupeau d'origine. C'est un voyageur infatigable qui ne se sépare jamais de sa guitare à douze cordes. Tous les ans, sa grand-mère file sa laine à la main et lui tricote un pull d'Aran aux motifs complexes pour le protéger des intempéries de l'été britannique, qu'il passe auprès des siens.

CE QU'IL FAUT
Coloris principal : clair
Second coloris : foncé
Voir aussi la liste de matériel et de fournitures dans la partie **Laine, matériel et fournitures** (p. 10-11) et la liste des **Termes utilisés** (p. 109).

LE CORPS

Faites un corps de base avec le coloris clair.

LA TÊTE

Commencez comme pour un disque de départ avec le coloris clair, puis :

7e au 11e tour : faites 1 ms dans chaque ms = 5 trs.

12e tour : faites *1 ms dans les 5 premières ms, 2 ms fermées ensemble* et répétez 5 autres fois = 36 ms.

13e et 14e tours : faites 1 ms dans chaque ms = 2 trs.

15e tour : faites 1 ms dans les 4 premières ms puis 3 fois *2 ms fermées ensemble* et 1 ms dans les 26 dernières ms = 33 ms.

16e tour : faites 1 ms dans les 3 premières ms puis 3 fois *2 ms fermées ensemble* et 1 ms dans les 24 dernières ms = 30 ms.

17e tour : faites 1 ms dans chaque ms.

18e tour : faites *1 ms dans les 3 premières ms, 2 ms fermées ensemble* et répétez 5 autres fois = 24 ms.

Prenez le coloris foncé.

19e au 21e tour : faites 1 ms dans chaque ms = 3 trs.

22e tour : faites *1 ms dans les 2 premières ms, 2 ms fermées ensemble* et répétez 5 autres fois = 18 ms.

23e tour : faites 1 ms dans chaque ms.

24e tour : faites *1 ms dans la première ms, 2 ms fermées ensemble* et répétez 5 autres fois = 12 ms.

25e tour : faites *2 ms fermées ensemble* et répétez 5 autres fois = 6 ms.

LES OREILLES (2)

Avec le coloris foncé, piquez 6 ms dans un cercle magique.

1er tour : faites 2 ms dans chaque ms = 12 ms.

2e au 5e tour : faites 1 ms dans chaque ms = 4 trs.

6e tour : faites *2 ms fermées ensemble* et répétez 5 autres fois = 6 ms.

LES PATTES (4)

Faites 4 pattes de base avec le coloris foncé.

LA QUEUE

Avec le coloris clair, piquez 6 ms dans un cercle magique.

1er tour : faites 2 ms dans chaque ms = 12 ms.

2e au 4e tour : faites 1 ms dans chaque ms = 3 trs.

5e tour : faites *2 ms fermées ensemble* et répétez 5 autres fois = 6 ms.

6e tour : faites 1 ms dans chaque ms.

LA TOISON

Avec le coloris clair, couvrez le corps et la tête de boucles de 8 ml, mais sans toucher au museau. Faites des boucles de 4 ml sur le bas du corps pour que l'animal tienne bien assis.

LE MONTAGE

Voir **Le rembourrage et la couture** (p. 114-115) et **Les finitions du visage** (p. 116-117).

NOTE

Assemblez toutes les pièces avant de réaliser la toison.

FIONA
le panda

Fiona est étudiante en troisième année. Aussi brillante soit-elle, il est un sujet sur lequel elle fait l'impasse : celui de la gestion du temps ou comment mieux planifier ses lessives. Ce n'est que lorsque son armoire est vide et qu'elle est obligée de porter un pyjama emprunté à une amie qu'elle se décide à descendre à la laverie, où elle passe la journée à faire sa lessive mensuelle. Elle pratique un peu la même philosophie dans sa cuisine et va souvent jusqu'à réchauffer ses nouilles instantanées dans la théière avant de se résoudre à sortir la bouteille de liquide vaisselle.

CE QU'IL FAUT
Coloris principal : clair
Second coloris : foncé
Voir aussi la liste de matériel et de fournitures dans la partie **Laine, matériel et fournitures** (p. 10-11) et la liste des **Termes utilisés** (p. 109).

LE CORPS

Commencez un corps de base avec le coloris clair et prenez le coloris foncé au milieu du 17e tour.

LA TÊTE

Commencez comme pour un disque de départ avec le coloris clair, puis :

7e au 11e tour : faites 1 ms dans chaque ms = 5 trs.

12e tour : faites *1 ms dans les 5 premières ms, 2 ms fermées ensemble* et répétez 5 autres fois = 36 ms.

13e au 15e tour : faites 1 ms dans chaque ms = 3 trs.

16e tour : faites 1 ms dans les 10 premières ms puis 4 fois *1 ms dans les 2 premières ms, 2 ms fermées ensemble* et 1 ms dans les 10 dernières ms = 32 ms.

17e tour : faites 1 ms dans les 8 premières ms puis 4 fois *1 ms dans les 2 premières ms, 2 ms fermées ensemble* et 1 ms dans les 8 dernières ms = 28 ms.

18e tour : faites 1 ms dans les 6 premières ms puis 4 fois *1 ms dans les 2 premières ms, 2 ms fermées ensemble* et 1 ms dans les 6 dernières ms = 24 ms.

19e tour : faites 1 ms dans les 4 premières ms puis 4 fois *1 ms dans les 2 premières ms, 2 ms fermées ensemble* et 1 ms dans les 4 dernières ms = 20 ms.

20e tour : faites 1 ms dans les 4 premières ms puis 4 fois *1 ms, 2 ms fermées ensemble* et 1 ms dans les 4 dernières ms = 16 ms.

21e tour : faites 1 ms dans chaque ms.

22e tour : faites 1 ms dans les 4 premières ms puis 4 fois *2 ms fermées ensemble* et 1 ms dans les 4 dernières ms = 12 ms.

23e tour : faites *2 ms fermées ensemble* et répétez 5 autres fois = 6 ms.

LES OREILLES (2)

Avec le coloris foncé, piquez 6 ms dans un cercle magique.

1er tour : faites 2 ms dans chaque ms = 12 ms.

2e au 5e tour : faites 1 ms dans chaque ms = 4 trs.

6e tour : faites *2 ms fermées ensemble* et répétez 5 autres fois = 6 ms.

LES PATTES (4)

Faites 4 pattes de base avec le coloris foncé.

LA QUEUE

Avec le coloris clair, piquez 6 ms dans un cercle magique.

1er tour : faites 2 ms dans chaque ms = 12 ms.

2e et 3e tours : faites 1 ms dans chaque ms = 2 trs.

4e tour : faites *2 ms fermées ensemble* et répétez 5 autres fois = 6 ms.

5e tour : faites *2 ms fermées ensemble* et répétez 2 autres fois = 3 ms.

LES TOURS DES YEUX (2)

Avec le coloris foncé, piquez 6 ms dans un cercle magique.

1er tour : faites 2 ms dans chaque ms = 12 ms.

LE MONTAGE

Voir **Le rembourrage et la couture** (p. 114-115) et **Les finitions du visage** (p. 116-117).

JUNO
le chat siamois

Juno passe ses journées à écouter les problèmes des autres, puis il passe la plupart de ses soirées à raconter ses problèmes aux autres. Sous ses airs frêles, c'est un expert en arts martiaux et ceux qui le sous-estiment finissent généralement les quatre fers en l'air, sans savoir ce qui vient de leur arriver. Tous les soirs, après une séance d'entraînement intense ou une nouvelle victoire sur les tatamis, il s'affale sur son immense canapé en cuir et lape son cocktail préféré, un russe blanc, en lisant l'un des derniers grands prix littéraires, voire deux.

CE QU'IL FAUT

Coloris principal : clair
Second coloris : foncé
Voir aussi la liste de matériel et de fournitures dans la partie **Laine, matériel et fournitures** (p. 10-11) et la liste des **Termes utilisés** (p. 109).

LE CORPS

Faites un corps de base avec le coloris clair.

LA TÊTE

Commencez comme pour un disque de départ avec le coloris clair, puis :

7e au 11e tour : faites 1 ms dans chaque ms = 5 trs.

12e tour : faites *1 ms dans les 5 premières ms, 2 ms fermées ensemble* et répétez 5 autres fois = 36 ms.

13e tour : faites *1 ms dans les 4 premières ms, 2 ms fermées ensemble* et répétez 5 autres fois = 30 ms.

14e tour : faites *1 ms dans les 3 premières ms, 2 ms fermées ensemble* et répétez 5 autres fois = 24 ms.

15e tour : faites 1 ms dans chaque ms.

Prenez le coloris foncé.

16e tour : faites *1 ms dans la première ms, 2 ms fermées ensemble* et répétez 7 autres fois = 16 ms.

17e tour : faites 1 ms dans chaque ms.

18e tour : faites *1 ms dans les 2 premières ms, 2 ms fermées ensemble* et répétez 3 autres fois = 12 ms.

19e tour : faites *2 ms fermées ensemble* et répétez 5 autres fois = 6 ms.

20e tour : faites *2 ms fermées ensemble* et répétez 2 autres fois = 3 ms.

LES OREILLES (2)

Avec le coloris foncé, faites une chaînette de 10 ml et fermez par 1 mc.

1er tour : faites 1 ms dans chaque ml.

2e tour : faites 2 ms dans chaque ms = 20 ms.

3e et 4e tours : faites 1 ms dans chaque ms = 2 trs.

5e tour : faites *1 ms dans les 8 premières ms, 2 ms fermées ensemble* et répétez 1 autre fois = 18 ms.

6e tour : faites *1 ms dans les 7 premières ms, 2 ms fermées ensemble* et répétez 1 autre fois = 16 ms.

7e tour : faites 1 ms dans chaque ms.

8e tour : faites *1 ms dans les 6 premières ms, 2 ms fermées ensemble* et répétez 1 autre fois = 14 ms.

9e tour : faites *1 ms dans les 5 premières ms, 2 ms fermées ensemble* et répétez 1 autre fois = 12 ms.

10e tour : faites 1 ms dans chaque ms.

11e tour : faites *1 ms dans les 4 premières ms, 2 ms fermées ensemble* et répétez 1 autre fois = 10 ms.

12e tour : faites 1 ms dans chaque ms.

13e tour : faites *1 ms dans les 3 premières ms, 2 ms fermées ensemble* et répétez 1 autre fois = 8 ms.

14e tour : faites *1 ms dans les 2 premières ms, 2 ms fermées ensemble* et répétez 1 autre fois = 6 ms.

15e tour : faites *1 ms dans la première ms, 2 ms fermées ensemble* et répétez 1 autre fois = 4 ms.

16e tour : faites 4 ms fermées ensemble.

LES PATTES (4)

Commencez les pattes de base avec le coloris foncé et changez de coloris au 10e tour.

LA QUEUE

Avec le coloris foncé, piquez 8 ms dans un cercle magique.

1er au 26e tour : faites 1 ms dans chaque ms.

LE MONTAGE

Voir **Le rembourrage et la couture** (p. 114-115) et **Les finitions du visage** (p. 116-117).

NOTE

Cousez les oreilles à l'arrière de la tête, en surfilant le tiers inférieur des oreilles et en vérifiant qu'elles sont bien visibles de devant.

ANGHARAD
l'âne

Angharad est un surfer. Été comme hiver, au volant de son Combi, il sillone la côte sud-ouest du Royaume-Uni, à la recherche des meilleures vagues. Cet âne de bord de mer ne se lasse jamais de la douceur du sable et de la saveur des embruns. Maintenant que ses enfants sont grands, il profite de sa retraite en combinaison de plongée. Il prend son thé à la crème avec de la confiture et s'insurge chaque fois qu'on lui sert de la framboise à la place de la fraise. Il collectionne les coquillages et passe beaucoup de temps sur la plage, l'air heureux et insouciant, sans jamais se mêler des affaires des autres.

CE QU'IL FAUT

Coloris principal : clair
Second coloris : foncé
Voir aussi la liste de matériel et de fournitures dans la partie **Laine, matériel et fournitures** (p. 10-11) et la liste des **Termes utilisés** (p. 109).

LE CORPS

Faites un corps de base avec le coloris foncé.

LA TÊTE

Commencez comme pour un disque de départ avec le coloris foncé, puis :

7e au 12e tour : faites 1 ms dans chaque ms = 6 trs.

13e tour : faites *1 ms dans les 5 premières ms, 2 ms fermées ensemble* et répétez 5 autres fois = 36 ms.

14e tour : faites *1 ms dans la première ms, 2 ms fermées ensemble* et répétez 11 autre fois. = 24 ms.

15e tour : faites *1 ms dans les 2 premières ms, 2 ms fermées ensemble* et répétez 5 autres fois = 18 ms.

Prenez le coloris clair.

16e au 22e tour : faites 1 ms dans chaque ms = 7 trs.

23e tour : faites *1 ms dans la première ms, 2 ms fermées ensemble* et répétez 5 autres fois = 12 ms.

24e tour : faites *2 ms fermées ensemble* et répétez 5 autres fois = 6 ms.

LES OREILLES (2)

Avec le coloris foncé, faites une chaînette de 20 ml et fermez par 1 mc.

1er tour : faites *1 ms dans les 8 premières ml, 2 ms fermées ensemble* et répétez 1 autre fois = 18 ms.

2e tour : faites 1 ms dans chaque ms.

3e tour : faites *1 ms dans les 7 premières ms, 2 ms fermées ensemble* et répétez 1 autre fois = 16 ms.

4e au 7e tour : faites 1 ms dans chaque ms = 4 trs.

8e tour : faites *1 ms dans les 6 premières ms, 2 ms fermées ensemble* et répétez 1 autre fois = 14 ms.

9e tour : faites 1 ms dans chaque ms.

10e tour : faites *1 ms dans les 5 premières ms, 2 ms fermées ensemble* et répétez 1 autre fois = 12 ms.

11e tour : faites *1 ms dans les 2 premières ms, 2 ms fermées ensemble* et répétez 2 autres fois = 9 ms.

12e tour : faites *1 ms dans la première ms, 2 ms fermées ensemble* et répétez 2 autres fois = 6 ms.

13e tour : faites *2 ms fermées ensemble* et répétez 2 autres fois = 3 ms.

LES PATTES (4)

Commencez les pattes de base avec le coloris clair et changez de coloris au 9e tour.

LA QUEUE

Avec 4 fils de coloris foncé, faites une chaînette de 8 grosses ml. Terminez par 3 boucles de 15 ml.

LA CRINIÈRE

Crochetez des boucles de 12 ml du dos au sommet de la tête. Ajoutez quelques boucles entre les oreilles pour obtenir une frange.

LE MONTAGE

Voir **Le rembourrage et la couture** (p. 114-115) et **Les finitions du visage** (p. 116-117).

BENEDICT
le chimpanzé

Benedict « la frime » est un teufeur rescapé des années 90 qui adore se déhancher en rythme. Il affiche toujours un sourire heureux. Sa garde-robe se compose principalement d'une vaste collection de bonnets à pompon fluo et de tongs, plus ou moins assortis à ses tee-shirts à l'effigie de ses groupes de musique préférés. Cela dit, en tant que jardinier en chef du parc d'un magnifique château, il a été récompensé plusieurs fois pour ses labyrinthes végétaux (et les plantes ne se sont jamais plaintes de ses goûts vestimentaires).

CE QU'IL FAUT

Coloris principal : foncé
Second coloris : clair
Voir aussi la liste de matériel et de fournitures dans la partie **Laine, matériel et fournitures** (p. 10-11) et la liste des **Termes utilisés** (p. 109).

LE CORPS

Faites un corps de base avec le coloris foncé.

LA TÊTE

Commencez comme pour un disque de départ avec le coloris foncé, puis :

7e au 11e tour : faites 1 ms dans chaque ms = 5 trs.

12e tour : faites *1 ms dans les 5 premières ms, 2 ms fermées ensemble* et répétez 5 autres fois = 36 ms.

13e tour : faites 1 ms dans chaque ms.

14e tour : faites 3 fois *1 ms dans les 4 premières ms, 2 ms fermées ensemble* et 1 ms dans les 18 dernières ms = 33 ms.

15e tour : faites 3 fois *1 ms dans les 3 premières ms, 2 ms fermées ensemble* et 1 ms dans les 18 dernières ms = 30 ms.

16e tour : faites 1 ms dans chaque ms.

17e tour : faites *1 ms dans les 3 premières ms, 2 ms fermées ensemble* et répétez 5 autres fois = 24 ms.

18e tour : faites 1 ms dans les 12 premières ms et 4 fois *1 ms, 2 ms fermées ensemble* = 20 ms.

19e tour : faites *1 ms dans les 2 premières ms, 2 ms fermées ensemble* et répétez 4 autres fois = 15 ms.

20e tour : faites 7 fois *2 ms fermées ensemble* et 1 ms dans la dernière ms = 8 ms.

LA BOUCHE

Commencez comme pour un disque de départ avec le coloris clair, puis :

4e au 7e tour : faites 1 ms dans chaque ms = 4 trs.

LES OREILLES (2)

Avec le coloris clair, piquez 4 ms dans un cercle magique.

1er tour : faites 2 ms dans chaque ms = 8 ms.

2e tour : faites 2 ms dans chaque ms = 16 ms.

3e et 4e tours : faites 1 ms dans chaque ms = 2 trs.

5e tour : faites *2 ms fermées ensemble* et répétez 7 autres fois = 8 ms.

6e tour : faites *2 ms fermées ensemble* et répétez 3 autres fois = 4 ms.

LES PATTES (4)

Commencez 2 pattes de base avec le coloris clair et changez de coloris au 3e tour.

Procédez de même pour les 2 autres pattes, mais en faisant 6 tours de plus (28 tours au total). Ces longues pattes deviendront les « bras » du chimpanzé.

LES TOURS DES YEUX (2)

Avec le coloris clair, piquez 6 ms dans un cercle magique.

1er tour : faites 2 ms dans chaque ms = 12 ms.

LE MONTAGE

Voir **Le rembourrage et la couture** (p. 114-115) et **Les finitions du visage** (p. 116-117).

NOTES

Rembourrez la bouche et cousez-la juste en dessous du tour des yeux. Aplatissez les oreilles en plaçant le cercle magique au centre de l'oreille et cousez-les sur la tête.

SAMUEL
le koala

Samuel a pris une année sabbatique au début du nouveau millénaire et n'est jamais revenu. Grâce à ses voyages à travers l'Europe, il parle maintenant cinq langues étrangères et, depuis qu'il s'est installé en Asie, il ne se lasse pas de manger du *dimsum* tous les matins. Il n'a jamais élu domicile nulle part et se sent chez lui partout où ses pieds l'emmènent. C'est un artiste autoproclamé qui pourrait avoir un portfolio bien garni s'il ne perdait pas constamment ses carnets de croquis. Peut-être qu'un jour il finira par « se trouver » (ou par retrouver ses dessins) dans un bol de soupe *phô* et nous épatera tous avec ses soi-disant talents cachés.

CE QU'IL FAUT

Coloris principal : moyen
Deuxième coloris : foncé
Quelques aiguillées de coloris clair
Voir aussi la liste de matériel et de fournitures dans la partie **Laine, matériel et fournitures** (p. 10-11) et la liste des **Termes utilisés** (p. 109).

LE CORPS

Faites un corps de base avec le coloris moyen.

LA TÊTE

Commencez par un disque de départ avec le coloris moyen, puis :

7e tour : faites *1 ms dans les 6 premières ms, 2 ms dans la ms suivante* et répétez 5 autres fois = 48 ms.

8e au 12e tour : faites 1 ms dans chaque ms = 5 trs.

13e tour : faites *1 ms dans les 4 premières ms, 2 ms fermées ensemble* et répétez 7 autres fois = 40 ms.

14e tour : faites 1 ms dans chaque ms.

15e tour : faites 1 ms dans les 20 premières ms puis 5 fois *1 ms dans la première ms, 2 ms fermées ensemble* et 1 ms dans les 5 dernières ms = 35 ms.

16e tour : faites 1 ms dans les 20 premières ms puis 5 fois *2 ms fermées ensemble* et 1 ms dans les 5 dernières ms = 30 ms.

17e tour : faites *1 ms dans les 3 premières ms, 2 ms fermées ensemble* et répétez 5 autres fois = 24 ms.

18e tour : faites 1 ms dans les 6 premières ms puis 6 fois *1 ms, 2 ms fermées ensemble* = 18 ms.

Prenez le coloris foncé.

19e au 21e tour : faites 1 ms dans chaque ms = 3 trs.

22e tour : faites *2 ms fermées ensemble* et répétez 8 autres fois = 9 ms.

LES OREILLES (2)

Commencez comme pour un disque de départ avec le coloris moyen jusqu'au 5e tour = 36 ms.

Pliez le rond en deux, endroit à l'extérieur, et joignez les bords avec un rang de ms de coloris clair.

LES PATTES (4)

Faites 4 pattes de base avec le coloris moyen.

LE MONTAGE

Voir **Le rembourrage et la couture** (p. 114-115) et **Les finitions du visage** (p. 116-117).

NOTES

Les koalas n'ont pas de queue.

Si vous n'avez pas de laine de coloris clair, ce n'est pas grave. Le tour des oreilles contrasté n'est qu'un détail esthétique !

DOUGLAS
le taureau highland

Douglas est un taureau d'intérieur qui a le cœur sur le sabot. Il est d'un naturel très ordonné et ce qu'il aime par-dessus tout lorsqu'il est seul, c'est épousseter la maison de fond en comble. Malgré son appétit insatiable, il prend soin de sa santé et lit toujours attentivement les informations au dos des emballages quand il fait les courses. C'est un taureau d'une rare gentillesse, mais quand la faim s'empare de lui ou qu'il n'a pas assez de sandwichs à midi, cela peut le mettre d'une humeur massacrante.

CE QU'IL FAUT

Coloris principal : moyen
Second coloris : clair
Deuxième coloris : foncé
Voir aussi la liste de matériel et de fournitures dans la partie **Laine, matériel et fournitures** (p. 10-11) et la liste des **Termes utilisés** (p. 109).

LE CORPS

Faites un corps de base avec le coloris moyen.

LA TÊTE

Commencez comme pour un disque de départ avec le coloris moyen, puis :

7e au 11e tour : faites 1 ms dans chaque ms.

12e tour : faites *1 ms dans les 5 premières ms, 2 ms fermées ensemble* et répétez 5 autres fois = 36 ms.

13e tour : faites 1 ms dans chaque ms.

14e tour : faites 3 fois *1 ms dans les 4 premières ms, 2 ms fermées ensemble* et 1 ms dans les 18 dernières ms = 33 ms.

15e tour : faites 3 fois *1 ms dans les 3 premières ms, 2 ms fermées ensemble* et 1 ms dans les 18 dernières ms = 30 ms.

16e tour : faites 1 ms dans chaque ms.

17e tour : faites *1 ms dans les 3 premières ms, 2 ms fermées ensemble* et répétez 5 autres fois = 24 ms.

Prenez le coloris clair.

18e tour : faites *1 ms dans les 3 premières ms, 2 ms dans la ms suivante* et répétez 5 autres fois = 30 ms.

19e au 21e tour : faites 1 ms dans chaque ms = 3 trs.

22e tour : faites *1 ms dans les 3 premières ms, 2 ms fermées ensemble* et répétez 5 autres fois = 24 ms.

23e tour : faites *1 ms dans les 2 premières ms, 2 ms fermées ensemble* et répétez 5 autres fois = 18 ms.

24e tour : faites *1 ms dans la première ms, 2 ms fermées ensemble* et répétez 5 autres fois = 12 ms.

Rembourrez la tête et fermez avec une rangée de points horizontaux (sans trop tirer sur le bout de laine).

LES OREILLES (2)

Avec le coloris moyen, piquez 6 ms dans un cercle magique.

1er tour : faites 2 ms dans chaque ms = 12 ms.

2e au 6e tour : faites 1 ms dans chaque ms = 5 trs.

7e tour : faites *2 ms fermées ensemble* et répétez 5 autres fois = 6 ms.

LES PATTES (4)

Commencez les 4 pattes de base avec le coloris foncé et prenez le coloris moyen à partir du 6e tour.

LA QUEUE

Avec 4 fils de coloris moyen, faites une chaînette de 12 grosses ml et, avec 1 fil de même coloris, terminez par 3 boucles de 12 ml.

LE TOUPET

Avec le coloris moyen, faites 2 rangs de boucles de 10 ml pour former une frange entre les oreilles.

LES CORNES (2)

Travaillez en forme libre, et non en tours, avec le coloris clair : faites une chaînette de 10 ml, fermez par 1 mc puis faites 1 ms dans les 12 premières ms, 2 ms fermées ensemble, 1 ms dans les 12 ms suivantes, 2 ms fermées ensemble, 1 ms dans les 12 ms suivantes, 2 ms fermées ensemble, 1 ms dans les 10 ms suivantes, 2 ms fermées ensemble, 1 ms dans les 10 ms suivantes et 2 ms fermées ensemble pour former la pointe.

LE MONTAGE

Voir **Le rembourrage et la couture** (p. 114-115) et **Les finitions du visage** (p. 116-117).

NOTE

Cousez les cornes sur la tête après les avoir rembourrées, mais avant de crocheter le toupet.

LAURENCE
le tigre

Laurence est un gastronome persuadé de parler toutes les langues couramment, alors qu'il n'en parle que quelques-unes, avec un accent à couper au couteau. D'une galanterie maladive, il ne compte plus les trains qu'il a ratés en portant les bagages de belles tigresses en détresse. Laurence est un grand romantique qui n'hésite pas à mettre les petits plats dans les grands. Il adore passer la journée aux fourneaux, à préparer des pâtes fraîches, un agneau rôti ou des sushis, pour le plaisir de déguster ces plats le soir-même tout en susurrant des mots doux à l'oreille d'une demoiselle très chanceuse.

CE QU'IL FAUT

Coloris principal : moyen
Deuxième coloris : clair
Troisième coloris : foncé
Voir aussi la liste de matériel et de fournitures dans la partie **Laine, matériel et fournitures** (p. 10-11) et la liste des **Termes utilisés** (p. 109).

LE CORPS

Faites un corps de base en commençant avec le coloris foncé et en alternant avec le coloris moyen, de façon à obtenir des rayures de 2 tours d'épaisseur (les 6 ms piquées dans un cercle magique et le 1er tour forment la première rayure).

LA TÊTE

Commencez comme pour un disque de départ en alternant les coloris comme pour le corps, puis :

7e au 11e tour : faites 1 ms dans chaque ms = 5 trs.

12e tour : faites 1 ms dans les 10 premières ms, 2 ms fermées ensemble puis 3 fois *1 ms dans les 5 ms suivantes, 2 ms fermées ensemble* et 1 ms dans les 9 dernières ms = 38 ms.

13e tour : faites 1 ms dans les 14 premières ms, 2 ms fermées ensemble, 1 ms dans les 6 ms suivantes, 2 ms fermées ensemble et 1 ms dans 14 dernières ms = 36 ms.

14e tour : faites *1 ms dans les 4 premières ms, 2 ms fermées ensemble* et répétez 5 autres fois = 30 ms.

15e tour : faites *1 ms dans les 3 premières ms, 2 ms fermées ensemble* et répétez 5 autres fois = 24 ms.

16e tour : faites 1 ms dans les 9 premières ms, 2 ms fermées ensemble, 1 ms dans les 2 ms suivantes, 2 ms fermées ensemble et 1 ms dans les 9 dernières ms = 22 ms.

17e tour : faites 1 ms dans les 7 premières ms, 2 ms fermées ensemble, 1 ms dans les 2 ms suivantes, 2 ms fermées ensemble et 1 ms dans les 9 dernières ms = 20 ms.

Prenez le coloris clair.

18e et 19e tours : faites 1 ms dans chaque ms = 2 trs.

20e tour : faites *2 ms fermées ensemble* et répétez 9 autres fois = 10 ms.

21e tour : faites *2 ms fermées ensemble* et répétez 4 autres fois = 5 ms.

LES OREILLES (2)

Avec le coloris moyen, piquez 6 ms dans un cercle magique.

1er tour : faites 2 ms dans chaque ms = 12 ms.

2e au 4e tour : faites 1 ms dans chaque ms = 3 trs.

Prenez le coloris foncé.

5e tour : faites 1 ms dans chaque ms.

6e tour : faites *2 ms fermées ensemble* et répétez 5 autres fois = 6 ms.

LES PATTES (4)

Commencez les pattes de base avec le coloris foncé jusqu'au 3e tour puis continuez en alternant les coloris comme pour le corps.

LA QUEUE

Avec le coloris foncé, piquez 6 ms dans un cercle magique.

1er au 6e tour : faites 1 ms dans chaque ms.

Prenez le coloris moyen et continuez en alternant les coloris comme pour le corps, jusqu'à la fin du 26e tour.

LE MONTAGE

Voir **Le rembourrage et la couture** (p. 114-115) et **Les finitions du visage** (p. 116-117).

NOTE

Cousez la partie foncée des oreilles sur la rayure foncée à l'arrière de la tête.

CHARDONNAY

le poney

Chardonnay aime le luxe et les paillettes, mais derrière son faux bronzage et ses chaussures blanches se cache une redoutable businesswoman. En tant que propriétaire d'un spa de luxe pour chiens, où les caniches de la jet-set viennent se faire pomponner, elle n'a pas l'habitude de se laisser marcher sur les pieds. Tout n'est que strass, cols de velours paillettés et pulls en cachemire faits main pour ces toutous à qui on ne refuse rien et celle grâce à qui le rêve devient réalité.

CE QU'IL FAUT

Coloris principal : moyen
Second coloris : clair
Voir aussi la liste de matériel et de fournitures dans la partie **Laine, matériel et fournitures** (p. 10-11) et la liste des **Termes utilisés** (p. 109).

LE CORPS

Faites un corps de base avec le coloris moyen.

LA TÊTE

Commencez comme pour un disque de départ avec le coloris moyen, puis :

7e au 12e tour : faites 1 ms dans chaque ms = 6 trs.

13e tour : faites *1 ms dans les 5 premières ms, 2 ms fermées ensemble* et répétez 5 autres fois = 36 ms.

14e tour : faites *1 ms dans la première ms, 2 ms fermées ensemble* et répétez 11 autres fois = 24 ms.

15e tour : faites *1 ms dans les 2 premières ms, 2 ms fermées ensemble* et répétez 5 autres fois = 18 ms.

16e tour : faites *1 ms dans les 2 premières ms, 2 ms dans la ms suivante* et répétez 5 autres fois = 24 ms.

17e au 23e tour : faites 1 ms dans chaque ms = 7 trs.

24e tour : faites *1 ms dans les 2 premières ms, 2 ms fermées ensemble* et répétez 5 autres fois = 18 ms.

25e tour : faites *1 ms dans la première ms, 2 ms fermées ensemble* et répétez 5 autres fois = 12 ms.

LES OREILLES (2)

Avec le coloris moyen, piquez 6 ms dans un cercle magique.

1er tour : faites 2 ms dans chaque ms = 12 ms.

2e tour : faites *1 ms dans la première ms, 2 ms dans la ms suivante* et répétez 5 autres fois = 18 ms.

3e et 4e tours : faites 1 ms dans chaque ms = 2 trs.

5e tour : faites *1 ms dans la première ms, 2 ms fermées ensemble* et répétez 5 autres fois = 12 ms.

6e tour : faites 1 ms dans chaque ms.

7e tour : faites *2 ms fermées ensemble* et répétez 5 autres fois = 6 ms.

8e tour : faites *2 ms fermées ensemble* et répétez 2 autres fois = 3 ms.

LES PATTES (4)

Faites 4 pattes de base en commençant avec le coloris clair et en changeant de coloris au 9e tour.

LA QUEUE

Attachez plusieurs boucles de 30 ml en coloris clair sur la même ms.

LA CRINIÈRE

Avec le coloris clair, faites des boucles de 12 ml de la base du cou au sommet de la tête. Ajoutez des boucles entre les oreilles pour la frange.

LE MONTAGE

Voir **Le rembourrage et la couture** (p. 114-115) et **Les finitions du visage** (p. 116-117).

CLAUDIA
le cochon saddleback

Claudie est fibulanophobe. Sa peur irrationnelle des boutons lui a déjà valu quelques désagréments. En ce moment, elle travaille dans les ressources humaines le jour et prépare son mariage la nuit. Elle s'est fiancée il y a tout juste un an et le grand jour approche à grands pas. Pour que tout soit absolument unique, elle a dessiné les faire-part, cousu les robes de ses demoiselles d'honneur et préparera elle-même les sucreries à offrir aux invités. Claudia et son futur époux se connaissent depuis leur tendre enfance et elle sait que le jour où elle lui dira « oui » sera le plus beau de sa vie.

CE QU'IL FAUT

Coloris principal : foncé
Second coloris : clair
Voir aussi la liste de matériel et de fournitures dans la partie **Laine, matériel et fournitures** (p. 10-11) et la liste des **Termes utilisés** (p. 109).

LE CORPS

Faites un corps de base avec le coloris foncé et changez de coloris au 19e tour.

LA TÊTE

Commencez comme pour un disque de départ avec le coloris foncé, puis :

7e au 11e tour : faites 1 ms dans chaque ms = 5 trs.

12e tour : faites *1 ms dans les 5 premières ms, 2 ms fermées ensemble* et répétez 5 autres fois = 36 ms.

13e tour : faites 1 ms dans chaque ms.

14e tour : faites 3 fois *1 ms dans les 4 premières ms, 2 ms fermées ensemble* puis 1 ms dans les 18 dernières ms = 33 ms.

15e tour : faites 3 fois *1 ms dans les 3 premières ms, 2 ms fermées ensemble* puis 1 ms dans les 18 dernières ms = 30 ms.

16e tour : faites 1 ms dans chaque ms.

17e tour : faites *1 ms dans les 3 premières ms, 2 ms fermées ensemble* et répétez 5 autres fois = 24 ms.

18e tour : faites 1 ms dans les 12 premières ms et 4 fois *1 ms, 2 ms fermées ensemble* = 20 ms.

19e tour : faites *1 ms dans les 2 premières ms, 2 ms fermées ensemble* et répétez 4 autres fois = 15 ms.

20e et 21e tours : faites 1 ms dans chaque ms = 2 trs.

22e tour : faites *1 ms dans la première ms, 2 ms fermées ensemble* et répétez 4 autres fois = 10 ms.

23e tour : faites *2 ms fermées ensemble* et répétez 4 autres fois = 5 ms.

LES OREILLES (2)

Avec le coloris foncé, commencez comme pour un disque de départ et arrêtez-vous au 5e tour = 36 ms.

LES PATTES (4)

Crochetez 2 pattes de base avec le coloris clair et 2 autres avec le coloris foncé.

LA QUEUE

Avec le coloris foncé, faites une chaînette de 10 ml, tournez et faites 2 ms dans chaque ml = 20 ms.

LE MONTAGE

Voir **Le rembourrage et la couture** (p. 114-115) et **Les finitions du visage** (p. 116-117).

NOTES

Pour finir les oreilles, pliez les ronds en deux, endroit à l'extérieur, et joignez les bords jusqu'à mi-hauteur avec un rang de ms. Ouvrez l'extrémité de chaque oreille puis cousez-les sur la tête, pointes vers l'avant. Brodez les naseaux avec le coloris clair.

ALICE
le zèbre

Alice est le genre d'amie avec qui on ne s'ennuie jamais. Elle travaille dur et mène une vie résolument indépendante de graphiste free-lance. Lorsqu'elle n'est pas submergée de travail, elle parcourt la planète de fête en fête, en tirant derrière elle une valise toujours pleine à craquer. Elle ne donne jamais de nouvelles quand elle est trop occupée à tester les épiceries fines de Londres ou à planifier sa taille de crinière annuelle, mais ne vous inquiétez pas si le téléphone ne sonne pas. Le jour où vos chemins se croiseront à nouveau, ce sera comme si vous ne vous étiez jamais quittées.

CE QU'IL FAUT

Coloris principal : foncé
Second coloris : clair
Voir aussi la liste de matériel et de fournitures dans la partie **Laine, matériel et fournitures** (p. 10-11) et la liste des **Termes utilisés** (p. 109).

LE CORPS

Commencez un corps de base avec le coloris foncé et alernez les coloris de façon à obtenir des rayures de 2 tours d'épaisseur (les 6 ms piquées dans un cercle magique et le 1er tour forment la première rayure).

LA TÊTE

Commencez un disque de départ avec le coloris clair en alternant les coloris comme pour le corps, puis :

7e au 12e tour : faites 1 ms dans chaque ms = 6 trs.

13e tour : faites *1 ms dans les 5 premières ms, 2 ms fermées ensemble* et répétez 5 autres fois = 36 ms.

14e tour : faites *1 ms dans la première ms, 2 ms fermées ensemble* et répétez 11 autres fois = 24 ms.

15e tour : faites *1 ms dans les 2 premières ms, 2 ms fermées ensemble* et répétez 5 autres fois = 18 ms.

16e tour : faites *1 ms dans les 2 premières ms, 2 ms dans la ms suivante* et répétez 5 autres fois = 24 ms.

17e au 23e tour : faites 1 ms dans chaque ms = 7 trs.

Avec le coloris foncé uniquement :

24e tour : faites *1 ms dans les 2 premières ms, 2 ms fermées ensemble* et répétez 5 autres fois = 18 ms.

25e tour : faites *1 ms dans la première ms, 2 ms fermées ensemble* et répétez 5 autres fois = 12 ms.

LES OREILLES (2)

Avec le coloris clair, piquez 6 ms dans un cercle magique.

1er tour : faites 2 ms dans chaque ms = 12 ms.

2e tour : faites *1 ms dans la première ms, 2 ms dans la ms suivante* et répétez 5 autres fois = 18 ms.

3e et 4e tours : faites 1 ms dans chaque ms = 2 trs.

5e tour : faites *1 ms dans la première ms, 2 ms fermées ensemble* et répétez 5 autres fois = 12 ms.

6e tour : faites 1 ms dans chaque ms.

7e tour : faites *2 ms fermées ensemble* et répétez 5 autres fois = 6 ms.

8e tour : faites *2 ms fermées ensemble* et répétez 2 autres fois = 3 ms.

LES PATTES (4)

Faites 4 pattes de base. Faites d'abord 8 tours avec le coloris foncé, puis alternez les coloris comme pour le corps.

LA QUEUE

Avec 4 fils de coloris clair, faites une chaînette de 8 grosses ml et, avec 1 fil, terminez par 3 boucles de 15 ml avec le coloris foncé.

LA CRINIÈRE

Avec le coloris foncé, faites des boucles de 12 ml de la base du cou au sommet de la tête. Ajoutez des boucles entre les oreilles pour la frange.

LE MONTAGE

Voir **Le rembourrage et la couture** (p. 114-115) et **Les finitions du visage** (p. 116-117).

AUDREY
la chèvre

Audrey est une vieille bique à l'esprit vif et l'humour acéré. C'est une petite farceuse qui prend un malin plaisir à pousser les blagues d'écoliers jusqu'aux limites du bon goût. Elle prend toutes ses boissons chaudes serrées et sans sucre et économise sur son quota annuel de produits laitiers pour s'offrir une orgie de liqueur de crème pendant la période de Noël. Les enfants ont toujours eu un peu peur d'elle, car on ne sait jamais si elle est sérieuse ou si elle vous fait marcher… droit vers le précipice.

CE QU'IL FAUT

Coloris principal : moyen
Second coloris : clair
Voir aussi la liste de matériel et de fournitures dans la partie **Laine, matériel et fournitures** (p. 10-11) et la liste des **Termes utilisés** (p. 109).

LE CORPS

Faites un corps de base avec le coloris moyen.

LA TÊTE

Commencez comme pour un disque de départ avec le coloris moyen, puis :

7e au 12e tour : faites 1 ms dans chaque ms = 6 trs.

13e tour : faites *1 ms dans les 5 premières ms, 2 ms fermées ensemble* et répétez 5 autres fois = 36 ms.

14e tour : faites *1 ms dans la première ms, 2 ms fermées ensemble* et répétez 11 autre fois = 24 ms.

15e tour : faites 1 ms dans les 6 premières ms et 6 fois *1 ms dans la ms suivante, 2 ms fermées ensemble* = 18 ms.

16e au 18e tour : faites 1 ms dans chaque ms = 3 trs.

Prenez le coloris clair.

19e au 21e tour : faites 1 ms dans chaque ms = 3 trs.

22e tour : faites *2 ms fermées ensemble* et répétez 8 autres fois = 9 ms.

LA BARBICHE

Avec le coloris clair, faites 3 boucles de 10 ml sur la même ms, sous le menton.

LES OREILLES (2)

Avec le coloris moyen, faites une chaînette de 10 ml et fermez par 1 mc.

1er tour : faites 1 ms dans chaque ml.

2e au 4e tour : faites 1 ms dans chaque ms = 3 trs.

5e tour : faites *1 ms dans les 4 premières ms, 2 ms dans la ms suivante* et répétez 1 autre fois = 12 ms.

6e tour : faites 1 ms dans chaque ms.

7e tour : faites *1 ms dans les 5 premières ms, 2 ms dans la ms suivante* et répétez 1 autre fois = 14 ms.

8e au 10e tour : faites 1 ms dans chaque ms = 3 trs.

11e tour : faites *1 ms dans les 5 premières ms, 2 ms fermées ensemble* et répétez 1 autre fois = 12 ms.

12e tour : faites *1 ms dans les 4 premières ms, 2 ms fermées ensemble* et répétez 1 autre fois = 10 ms.

13e tour : faites *1 ms dans les 3 premières ms, 2 ms fermées ensemble* et répétez 1 autre fois = 8 ms.

14e tour : faites *1 ms dans les 2 premières ms, 2 ms fermées ensemble* et répétez 1 autre fois = 6 ms.

15e tour : faites 1 ms dans chaque ms.

16e tour : faites *2 ms fermées ensemble* et répétez 2 autres fois = 3 ms.

17e tour : faites 3 ms fermées ensemble.

LES PATTES (4)

Crochetez des pattes de base en commençant avec le coloris clair et en changeant de coloris au 12e tour.

LA QUEUE

Avec 4 fils de coloris moyen, faites une chaînette de 8 ml et, avec 1 fil, terminez par 3 boucles de 8 ml.

LES CORNES (2)

Travaillez en forme libre, avec le coloris clair : faites une chaînette de 8 ml et fermez par 1 mc, puis faites 1 ms dans les 30 premières ms, 2 ms fermées ensemble, 1 ms dans les 5 ms suivantes, 2 ms fermées ensemble, 2 fois *1 ms dans la ms suivante, 2 ms fermées ensemble*, 1 ms dans les 4 ms suivantes et 2 ms fermées ensemble, pour la pointe.

LE MONTAGE

Voir **Le rembourrage et la couture** (p. 114-115) et **Les finitions du visage** (p. 116-117).

NIVEAU 3

Les animaux du niveau 3 introduisent des techniques un peu plus compliquées et mieux vaut avoir réalisé au moins un animal de niveau 1 et un autre de niveau 2 avant de se lancer dans ces projets. Beaucoup de ces modèles nécessitent des changements de couleur irréguliers : au lieu de couper le fil, faites-le suivre sur l'envers, sans trop tirer au moment du changement pour ne pas déformer les mailles. Certains modèles utilisent la maille fourrure. Celle-ci ne nécessite qu'une étape supplémentaire par rapport à la maille serrée, alors ne vous laissez pas décourager par l'impression de difficulté qu'elle donne. Vous aurez aussi parfois besoin de faire des mailles coulées traversantes (voir **Techniques**, p. 112) et de piquer des mailles de fin de rang à travers l'étoffe.

CLARENCE
la chauve-souris

Clarence passe la majeure partie de son temps éveillé coiffé d'un casque de chantier. En tant qu'ingénieur en génie civil, il adore se prélasser sous les ponts et siroter son thé en se moquant des chauffeurs de poids lourds. Il collectionne les tapis persans, qu'il utilise pour améliorer le confort de sa maison mal chauffée. Un froid engourdissant règne dans toutes les pièces, à l'exception du vaste et hideux jardin d'hiver où il cultive des centaines de plantes.

CE QU'IL FAUT

Coloris principal : moyen
Second coloris : foncé
Voir aussi la liste de matériel et de fournitures dans la partie **Laine, matériel et fournitures** (p. 10-11) et la liste des **Termes utilisés** (p. 109).

LE CORPS

Faites un corps de base avec le coloris moyen.

LA TÊTE

Commencez comme pour un disque de départ avec le coloris moyen, puis :

7e au 11e tour : faites 1 ms dans chaque ms = 5 trs.

12e tour : faites *1 ms dans les 5 premières ms, 2 ms fermées ensemble* et répétez 5 autres fois = 36 ms.

13e tour : faites 1 ms dans chaque ms.

14e tour : faites 3 fois *1 ms dans les 4 premières ms, 2 ms fermées ensemble* puis 1 ms dans les 18 dernières ms = 33 ms.

15e tour : faites 3 fois *1 ms dans les 3 premières ms, 2 ms fermées ensemble* puis 1 ms dans les 18 dernières ms = 30 ms.

16e tour : faites 1 ms dans chaque ms.

17e tour : faites *1 ms dans les 3 premières ms, 2 ms fermées ensemble* et répétez 5 autres fois = 24 ms.

18e tour : faites 1 ms dans les 12 premières ms et 4 fois *1 ms dans la première ms, 2 ms fermées ensemble* = 20 ms.

19e tour : faites *1 ms dans les 2 premières ms, 2 ms fermées ensemble* et répétez 4 autres fois = 15 ms.

20e tour : faites 7 fois *2 ms fermées ensemble* et 1 ms dans la dernière ms = 8 ms.

21e tour : faites 4 fois *2 ms fermées ensemble* = 4 ms.

LES OREILLES (2)

Avec le coloris moyen, faites une chaînette de 20 ms et fermez par 1 mc.

1er tour : faites *1 ms dans les 8 premières ml, 2 ms fermées ensemble* et répétez 1 autre fois = 18 ms.

2e tour : faites 1 ms dans chaque ms.

3e tour : faites *1 ms dans les 7 premières ms, 2 ms fermées ensemble* et répétez 1 autre fois = 16 ms.

4e au 7e tour : faites 1 ms dans chaque ms = 4 trs.

8e tour : faites *1 ms dans les 6 premières ms, 2 ms fermées ensemble* et répétez 1 autre fois = 14 ms.

9e tour : faites 1 ms dans chaque ms.

10e tour : faites *1 ms dans les 5 premières ms, 2 ms fermées ensemble* et répétez 1 autre fois = 12 ms.

11e tour : faites *1 ms dans les 2 premières ms, 2 ms fermées ensemble* et répétez 2 autres fois = 9 ms.

12e tour : faites *1 ms dans la première ms, 2 ms fermées ensemble* et répétez 2 autres fois = 6 ms.

13e tour : faites 1 ms dans chaque ms.

14e tour : faites *2 ms fermées ensemble* et répétez 2 autres fois = 3 ms.

LES PATTES (4)

Faites 2 pattes de base avec le coloris moyen. Commencez les 2 autres pattes de base avec le coloris moyen, puis :

7e tour : faites *1 ms dans la première ms, 2 ms fermées ensemble* et répétez 5 autres fois = 12 ms.

8e tour : faites *1 ms dans les 4 premières ms, 2 ms fermées ensemble* et répétez 1 autre fois = 10 ms.

9e au 33e tour : faites 1 ms dans chaque ms = 25 trs.

LES AILES

Avec le coloris foncé, cousez les « bras » sur le corps puis piquez 1 ms dans une des ms au niveau de l'aisselle, faites 3 ml et 1 ms dans une des ms du corps. Faites 1 ms dans chaque ml entre le bras et le corps. Travaillez en rangs jusqu'en bas du corps, en ajoutant 1 ms par rang, piquée dans le corps ou le bras. Continuez en tournant 3 ms avant la fin du rang, de manière à former la pointe centrale de l'aile. Terminez en faisant 1 ms dans chaque ms pour obtenir un bord plus régulier.

LE MONTAGE

Voir **Le rembourrage et la couture** (p. 114-115) et **Les finitions du visage** (p. 116-117).

NOTE

Cousez les oreilles bien haut, à l'arrière de la tête, en surfilant le tiers inférieur de chaque oreille.

MARTIN
le chat tigré

Martin est féru de pêche. Il peut passer des heures les pieds plantés dans la vase, de l'eau jusqu'à la taille et les yeux rivés sur son flotteur. Il est intarrissable sur les mérites des différents types de mouches et a dédié sa vie au développement de sa propre mouche, crochetée à la main avec des mèches d'alpaga suri de première qualité. Son péché mignon, déguster du chocolat en pêchant.

CE QU'IL FAUT
Coloris principal : moyen
Deuxième coloris : foncé
Troisième coloris : clair
Voir aussi la liste de matériel et de fournitures dans la partie **Laine, matériel et fournitures** (p. 10-11) et la liste des **Termes utilisés** (p. 109).

REMARQUE

Pour le motif tigré, alternez les 3 coloris en suivant de façon approximative les explications suivantes, selon l'indication donnée pour chaque partie du corps.

Motif classique : *20 ms avec le coloris moyen, 20 ms avec le coloris clair, 20 ms avec le coloris moyen, 7 ms avec le coloris foncé, 20 ms avec le coloris moyen, 7 ms avec le coloris clair, 20 ms avec le coloris moyen, 20 ms avec le coloris foncé* et répétez.

Motif abrégé : *20 ms avec le coloris moyen, 7 ms avec le coloris foncé, 20 ms avec le coloris moyen, 7 ms avec le coloris clair* et répétez.

LE CORPS

Faites un corps de base avec le motif classique.

LA TÊTE

Commencez comme pour un disque de départ avec le motif classique, puis :

7e au 11e tour : faites 1 ms dans chaque ms = 5 trs.

12e tour : faites *1 ms dans les 5 premières ms, 2 ms fermées ensemble* et répétez 5 autres fois = 36 ms.

13e tour : faites *1 ms dans les 4 premières ms, 2 ms fermées ensemble* et répétez 5 autres fois = 30 ms.

14e tour : faites *1 ms dans les 3 premières ms, 2 ms fermées ensemble* et répétez 5 autres fois = 24 ms.

15e tour : faites 1 ms dans chaque ms.

16e tour : faites *1 ms dans la première ms, 2 ms fermées ensemble* et répétez 7 autres fois = 16 ms.

17e tour : faites 1 ms dans chaque ms.

18e tour : faites *1 ms dans les 2 premières ms, 2 ms fermées ensemble* et répétez 3 autres fois = 12 ms.

Avec le coloris clair uniquement :

19e tour : faites *2 ms fermées ensemble* et répétez 5 autres fois = 6 ms.

20e tour : faites *2 ms fermées ensemble* et répétez 2 autres fois = 3 ms.

LES OREILLES (2)

Faites 2 oreilles avec le motif abrégé.

Faites une chaînette de 10 ml et fermez par 1 mc.

1er tour : faites 1 ms dans chaque ml.

2e tour : faites 2 ms dans chaque ms et répétez 9 autres fois = 20 ms.

3e et 4e tours : faites 1 ms dans chaque ms = 2 trs.

5e tour : faites *1 ms dans les 8 premières ms, 2 ms fermées ensemble* et répétez 1 autre fois = 18 ms.

6e tour : faites *1 ms dans les 7 premières ms, 2 ms fermées ensemble* et répétez 1 autre fois = 16 ms.

7e tour : faites 1 ms dans chaque ms.

8e tour : faites *1 ms dans les 6 premières ms, 2 ms fermées ensemble* et répétez 1 autre fois = 14 ms.

9e tour : faites *1 ms dans les 5 premières ms, 2 ms fermées ensemble* et répétez 1 autre fois = 12 ms.

10e tour : faites *1 ms dans les 4 premières ms, 2 ms fermées ensemble* et répétez 1 autre fois = 10 ms.

11e tour : faites *1 ms dans les 3 premières ms, 2 ms fermées ensemble* et répétez 1 autre fois = 8 ms.

12e tour : faites *1 ms dans les 2 premières ms, 2 ms fermées ensemble* et répétez 1 autre fois = 6 ms.

13e tour : faites *1 ms dans la première ms, 2 ms fermées ensemble* et répétez 1 autre fois = 4 ms.

14e tour : faites 4 ms fermées ensemble.

LES PATTES (4)

Faites 4 pattes de base avec le motif abrégé.

LA QUEUE

Piquez 6 ms dans un cercle magique puis, avec le motif abrégé :

1er au 26e tour : faites 1 ms dans chaque ms.

LE MONTAGE

Voir **Le rembourrage et la couture** (p. 114-115) et **Les finitions du visage** (p. 116-117).

NOTE

Pincez les oreilles et cousez-les à l'arrière de la tête, en surfilant le tiers inférieur de chaque oreille de sorte qu'elles soient bien visibles de devant.

SARAH
la vache frisonne

Sarah travaille à temps partiel dans une usine à crème glacée, où elle mélange et remue les meilleurs ingrédients bio produits localement pour en faire de succulents petits pots de dessert glacé. Lorsqu'elle ne développe pas de nouvelles recettes, elle est sur la ligne de touche en train d'encourager l'un de ses quatre ados, qui sont tous des sportifs accomplis. C'est d'ailleurs pour cette raison que ses deux machines à laver tournent presque sans interruption et qu'elle sait exactement comment venir à bout des taches d'herbe, de boue et de framboises.

CE QU'IL FAUT

Coloris principal : foncé
Second coloris : clair
Voir aussi la liste de matériel et de fournitures dans la partie **Laine, matériel et fournitures** (p. 10-11) et la liste des **Termes utilisés** (p. 109).

LE CORPS

Commencez un corps de base avec le coloris foncé, changez de coloris au milieu du 14e tour et reprenez le coloris foncé au milieu du 22e tour.

LA TÊTE

Commencez comme pour un disque de départ avec le coloris foncé, puis :

7e au 11e tour : faites 1 ms dans chaque ms = 5 trs.

12e tour : faites 4 fois *5 ms, 2 ms fermées ensemble* avec le coloris foncé, puis 7 ms avec le coloris clair et 5 ms, 2 ms fermées ensemble avec le coloris foncé = 37 ms.

13e tour : faites 21 ms, 2 ms fermées ensemble avec le coloris foncé, puis 9 ms avec le coloris clair et 5 ms avec le coloris foncé = 36 ms.

14e tour : faites 23 ms, 2 ms fermées ensemble avec le coloris foncé, puis 2 ms avec le coloris clair et 2 ms fermées ensemble, 5 ms, 2 ms fermées ensemble avec le coloris foncé = 33 ms.

15e tour : faites 21 ms, 2 ms fermées ensemble, 2 ms avec le coloris foncé, puis 2 ms avec le coloris clair et 2 ms fermées ensemble, 4 ms avec le coloris foncé = 31 ms.

16e tour : faites 2 ms fermées ensemble, 21 ms avec le coloris foncé, puis 5 ms avec le coloris clair et 3 ms avec le coloris foncé = 30 ms.

17e tour : faites 4 fois *3 ms, 2 ms fermées ensemble*, 3 ms avec le coloris foncé, puis 2 ms fermées ensemble, 1 ms avec le coloris clair et 2 ms, 2 ms fermées ensemble avec le coloris foncé = 24 ms.

18e tour : faites 4 fois *3 ms, 2 ms dans la ms suivante*, 3 ms avec le coloris foncé, puis 2 ms dans la ms suivante avec le coloris clair et 3 ms, 2 ms dans la dernière ms avec le coloris foncé = 30 ms.

19e tour : faites 10 ms avec le coloris foncé et 20 ms avec le coloris clair = 30 ms.

Continuez avec le coloris clair uniquement.

20e et 21e tours : faites 1 ms dans chaque ms = 2 trs.

22e tour : faites *1 ms dans les 3 premières ms, 2 ms fermées ensemble* et répétez 5 autres fois = 24 ms.

23e tour : faites *1 ms dans les 2 premières ms, 2 ms fermées ensemble* et répétez 5 autres fois = 18 ms.

24e tour : faites *1 ms dans la première ms, 2 ms fermées ensemble* et répétez 5 autres fois = 12 ms.

Rembourrez la tête et fermez avec une rangée de points horizontale (sans froncer).

LES OREILLES (2)

Avec le coloris foncé, piquez 6 ms dans un cercle magique.

1er tour : faites 2 ms dans chaque ms = 12 ms.

2e au 6e tour : faites 1 ms dans chaque ms = 5 trs.

7e tour : faites *2 ms fermées ensemble* et répétez 5 autres fois = 6 ms.

LES PATTES (4)

Commencez comme pour un disque de départ avec le coloris foncé et changez de coloris au 6e tour.

LA QUEUE

Avec 4 fils de coloris clair, faites une chaînette de 12 ml et, avec 1 fil de coloris foncé, terminez par 3 boucles de 12 ml.

LE MONTAGE

Voir **Le rembourrage et la couture** (p. 114-115) et **Les finitions du visage** (p. 116-117).

TIMMY
le jack russell

Timmy est un petit chien malicieux qui planifie ses journées de manière à ne jamais devoir attendre plus d'une heure jusqu'au prochain repas. Bien qu'il soit capable de nager, d'escalader, de lire une carte et possède tous les talents d'un bon aventurier, Timmy ne va jamais très loin, car il ne peut pas s'empêcher de manger tout le pique-nique en chemin. C'est un doux rêveur, mais surtout un grand gourmand.

CE QU'IL FAUT

Coloris principal : clair
Second coloris : foncé
Voir aussi la liste de matériel et de fournitures dans la partie **Laine, matériel et fournitures** (p. 10-11) et la liste des **Termes utilisés** (p. 109).

LE CORPS

Faites un corps de base avec le coloris foncé et changez de coloris au milieu du 14e tour.

LA TÊTE

Commencez comme pour un disque de départ avec le coloris clair, puis :

7e tour : faites 1 ms dans chaque ms.

8e tour : faites 8 ms avec le coloris foncé puis 10 ms avec le coloris clair et 24 ms avec le coloris foncé.

9e tour : faites 10 ms avec le coloris foncé puis 6 ms avec le coloris clair et 26 ms avec le coloris foncé.

10e tour : faites 12 ms avec le coloris foncé puis 2 ms avec le coloris clair et 28 ms avec le coloris foncé.

11e tour : faites 13 ms avec le coloris foncé puis 1 ms avec le coloris clair et 28 ms avec le coloris foncé.

Continuez avec le coloris foncé uniquement.

12e tour : faites 1 ms dans chaque ms.

13e tour : faites *1 ms dans les 5 premières ms, 2 ms fermées ensemble* et répétez 5 autres fois = 36 ms.

14e tour : faites *1 ms dans les 4 premières ms, 2 ms fermées ensemble* et répétez 5 autres fois = 30 ms.

15e tour : faites *1 ms dans la première ms, 2 ms fermées ensemble* et répétez 9 autres fois = 20 ms.

Prenez le coloris clair.

16e tour : faites *2 ms fermées ensemble, 1 ms dans la ms suivante, 2 ms fermées ensemble* et répétez 3 autres fois = 12 ms.

17e tour : faites *1 ms dans les 2 premières ms, 2 ms fermées ensemble* et répétez 2 autres fois = 9 ms.

18e tour : faites 4 fois *2 ms fermées ensemble* et 1 ms dans la dernière ms = 5 ms.

19e tour : faites 2 fois *2 ms fermées ensemble* et 1 ms dans la dernière ms = 3 ms.

LES OREILLES (2)

Avec le coloris foncé, commencez comme pour un disque de départ puis :

4e tour : faites 1 ms dans chaque ms.

5e tour : faites *1 ms dans les 2 premières ms, 2 ms fermées ensemble* et répétez 5 autres fois = 18 ms.

6e au 8e tour : faites 1 ms dans chaque ms = 3 trs.

9e tour : faites *1 ms dans la première ms, 2 ms fermées ensemble* et répétez 5 autres fois = 12 ms.

10e et 11e tours : faites 1 ms dans chaque ms = 2 trs.

12e tour : faites *2 ms fermées ensemble* et répétez 5 autres fois = 6 ms.

13e tour : faites 1 ms dans chaque ms.

14e tour : faites *2 ms fermées ensemble* et répétez 2 autres fois = 3 ms.

LES PATTES (4)

Faites 4 pattes de base avec le coloris clair.

LA QUEUE

Avec le coloris clair, faites une chaînette de 8 ml et fermez par 1 mc.

1er tour : faites 1 ms dans chaque ml.

2e tour : faites 1 ms dans les 6 premières ms et 2 ms fermées ensemble = 7 ms.

3e tour : faites 1 ms dans les 5 premières ms et 2 ms fermées ensemble = 6 ms.

4e tour : faites 1 ms dans les 4 premières ms et 2 ms fermées ensemble = 5 ms.

5e tour : faites 1 ms dans les 3 premières ms et 2 ms fermées ensemble = 4 ms.

6e tour : faites *2 ms fermées ensemble* et répétez 1 autre fois = 2 ms.

LE MONTAGE

Voir **Le rembourrage et la couture** (p. 114-115) et **Les finitions du visage** (p. 116-117).

NOTES

Rembourrez fermement la queue. Pincez les oreilles et cousez-les à l'arrière de la tête. Donnez du caractère à votre animal en cousant une oreille à la verticale et l'autre à l'horizontale.

CAITLIN
la girafe

Caitlin est une commère impénitente. Sa vie de professeur de sciences à domicile ne lui offre pas assez de sujets de conversation. Heureusement, sa participation active au sein du comité de direction de son association est le prétexte idéal pour se mêler de la vie des autres. Cela dit, un rien suffit à enflammer son imagination et le moindre fragment d'information fait naître dans son esprit des scénarios rocambolesques. Si jamais vous vous demandez comment se porte le chat du petit ami de la voisine de votre cousin (ou quelle est la couleur des caleçons dudit petit ami), Caitlin saura sûrement vous répondre.

CE QU'IL FAUT
Coloris principal : clair
Deuxième coloris : moyen
Troisième coloris : foncé
Voir aussi la liste de matériel et de fournitures dans la partie **Laine, matériel et fournitures** (p. 10-11) et la liste des **Termes utilisés** (p. 109).

LE CORPS

Avec le coloris clair et en formant des taches de coloris moyen d'environ 9 ms réparties de façon aléatoire, commencez comme pour un corps de base, puis :

30e tour : faites *1 ms dans les 2 premières ms, 2 ms fermées ensemble* et répétez 5 autres fois = 18 ms.

31e au 33e tour : faites 1 ms dans chaque ms = 3 trs.

34e tour : faites *1 ms dans la première ms, 2 ms fermées ensemble* et répétez 5 autres fois = 12 ms.

35e au 37e tour : faites 1 ms dans chaque ms = 3 trs.

38e tour : faites *2 ms fermées ensemble* et répétez 5 autres fois = 6 ms.

LA TÊTE

Commencez comme pour un disque de départ avec le coloris clair, puis :

7e au 11e tour : faites 1 ms dans chaque ms = 5 trs.

12e tour : faites *1 ms dans les 5 premières ms, 2 ms fermées ensemble* et répétez 5 autres fois = 36 ms.

13e tour : faites *1 ms dans les 4 premières ms, 2 ms fermées ensemble* et répétez 5 autres fois = 30 ms.

14e tour : faites *1 ms dans les 3 premières ms, 2 ms fermées ensemble* et répétez 5 autres fois = 24 ms.

Prenez le coloris moyen.

15e tour : faites 1 ms dans les 12 premières ms puis 4 fois *1 ms dans la ms suivante, 2 ms fermées ensemble* = 20 ms

16e au 19e tour : faites 1 ms dans chaque ms = 5 trs.

20e tour : faites *1 ms dans les 2 premières ms, 2 ms fermées ensemble* et répétez 4 autres fois = 15 ms.

21e tour : faites *1 ms dans la première ms, 2 ms fermées ensemble* et répétez 4 autres fois = 10 ms.

22e tour : faites *2 ms fermées ensemble* et répétez 4 autres fois = 5 ms.

LES OREILLES (2)

Avec le coloris clair, faites une chaînette de 9 ml et fermez par 1 mc.

1er tour : faites 1 mc dans chaque ml.

2e au 5e tour : faites 1 ms dans chaque ms = 4 trs.

6e tour : faites *1 ms dans la première ms, 2 ms fermées ensemble* et répétez 2 autres fois = 6 ms.

7e tour : faites *2 ms fermées ensemble* et répétez 2 autres fois = 3 ms.

LES PATTES (4)

Commencez comme pour un disque de départ avec le coloris foncé, prenez le coloris clair à partir du 6e tour et faites 6 tours supplémentaires = 28 trs.

LA QUEUE

Avec 4 fils de coloris clair, faites une chaînette de 10 ml et, avec 1 fils de coloris foncé, terminez par 5 boucles de 12 ml.

LES CORNES

Avec le coloris foncé, piquez 8 ms dans un cercle magique puis, avec le coloris moyen :

1er tour : faites *2 ms fermées ensemble* et répétez 3 autres fois = 4 ms.

2e au 5e tour : faites 1 ms dans chaque ms = 4 trs.

LE MONTAGE

Voir **Le rembourrage et la couture** (p. 114-115) et **Les finitions du visage** (p. 116-117).

ESME
la renarde

Esme est une renarde très habile. Elle sait tout faire de ses dix doigts. Elle fait ses propres cartes de vœux, coud, tricote et crochète. Ses sept enfants possèdent une malle à déguisements très bien garnie et remportent tous les concours de costumes de l'école. Lorsqu'elle n'est pas en train de coudre un bouton ou de coller des perles sur des ballerines, elle vend des couvre-théières en jacquard sur un site de commerce en ligne.

CE QU'IL FAUT

Coloris principal : foncé
Second coloris : clair
Voir aussi la liste de matériel et de fournitures dans la partie **Laine, matériel et fournitures** (p. 10-11) et la liste des **Termes utilisés** (p. 109).

LE CORPS

Faites un corps de base avec le coloris foncé.

LA TÊTE

Commencez comme pour un disque de départ avec le coloris foncé, puis :

7e au 9e tour : faites 1 ms dans chaque ms = 3 trs.

10e et 11e tours : faites 1 ms dans les 18 premières ms avec le coloris clair et 1 ms dans les 24 dernières ms avec le coloris foncé.

12e tour : faites 1 ms avec le coloris foncé, puis 16 ms avec le coloris clair et 6 fois *2 ms, 2 ms fermées ensemble*, 1 ms avec le coloris foncé = 36 ms.

13e tour : faites 3 ms avec le coloris foncé, puis 13 ms avec le coloris clair et 20 ms avec le coloris foncé.

14e tour : faites 4 ms, 2 ms fermées ensemble avec le coloris foncé, puis 3 fois *3 ms, 2 ms fermées ensemble* avec le coloris clair et 3 fois *3 ms, 2 ms fermées ensemble* avec le coloris foncé = 30 ms.

15e tour : faites 5 ms avec le coloris foncé, puis 7 ms avec le coloris clair et 18 ms avec le coloris foncé = 30 ms.

16e tour : faites 2 ms, 2 ms fermées ensemble, 2 ms avec le coloris foncé, 2 ms fermées ensemble, 2 ms, 2 ms fermées ensemble avec le coloris clair et 3 fois *4 ms, 2 ms fermées ensemble* avec le coloris foncé = 24 ms.

17e tour : faites 2 ms, 2 ms fermées ensemble, 2 ms avec le coloris foncé, puis 2 ms fermées ensemble avec le coloris clair et 4 fois *2 ms, 2 ms fermées ensemble* avec le coloris foncé = 18 ms. Continuez avec le coloris foncé.

18e tour : faites *1 ms dans la première ms, 2 ms fermées ensemble* et répétez 5 autres fois = 12 ms.

19e tour : faites 1 ms dans chaque ms.

20e tour : faites *1 ms dans les 2 premières ms, 2 ms fermées ensemble* et répétez 2 autres fois = 9 ms.

21e tour : faites *3 ms fermées ensemble* et répétez 2 autres fois = 3 ms.

OREILLES (2) ET PATTES (4)

Avec le coloris foncé, faites une chaînette de 12 ml et fermez par 1 mc.

1er tour : faites 1 ms dans chaque ml.

2e tour : faites 1 ms dans chaque ms .

3e tour : faites *1 ms dans les 4 premières ms, 2 ms fermées ensemble* et répétez 1 autre fois = 10 ms.

4e tour : faites *1 ms dans les 3 premières ms, 2 ms fermées ensemble* et répétez 1 autre fois = 8 ms.

5e tour : faites *1 ms dans les 2 premières ms, 2 ms fermées ensemble* et répétez 1 autre fois = 6 ms.

6e tour : faites *1 ms dans la première ms, 2 ms fermées ensemble* et répétez 1 autre fois = 4 ms.

7e tour : faites 1 ms dans chaque ms.

8e tour : faites *2 ms fermées ensemble* et répétez 1 autre fois = 2 ms.

Faites 4 pattes de base avec le coloris foncé.

LA QUEUE

Avec le coloris foncé, faites une chaînette de 8 ml et fermez par 1 mc.

1er tour : faites 1 ms dans chaque ml.

2e au 4e tour : faites 1 ms dans chaque ms = 3 trs.

5e tour : faites *1 ms dans les 3 premières ms, 2 ms dans la ms suivante* et répétez 1 autre fois = 10 ms.

6e au 9e tour : faites 1 ms dans chaque ms = 4 trs.

10e tour : faites *1 ms dans les 4 premières ms, 2 ms dans la ms suivante* et répétez 1 autre fois = 12 ms.

11e au 13e tour : faites 1 ms dans chaque ms = 3 trs.

14e tour : faites *1 ms dans les 2 premières ms, 2 ms dans la ms suivante* et répétez 3 autres fois = 16 ms.

Prenez le coloris clair.

15e tour : faites *1 ms dans les 3 premières ms, 2 ms dans la ms suivante* et répétez 3 autres fois = 20 ms.

16e au 19e tour : faites 1 ms dans chaque ms = 4 trs.

20e tour : faites *1 ms dans les 3 premières ms, 2 ms fermées ensemble* et répétez 3 autres fois = 16 ms.

21e tour : faites *1 ms dans les 2 premières ms, 2 ms fermées ensemble* et répétez 3 autres fois = 12 ms.

22e tour : faites *2 ms fermées ensemble* et répétez 5 autres fois = 6 ms.

23e tour : faites *2 ms fermées ensemble* et répétez 2 autres fois = 3 ms.

LE MONTAGE

Voir **Le rembourrage et la couture** (p. 114-115) et **Les finitions du visage** (p. 116-117).

NOTE

Ne rembourrez que le bout de la queue. Fermez l'autre extrémité avec un rang de ms, en alignant les bords.

BLAKE
l'orang-outan

Blake est un grand singe d'intérieur. Il fait le ménage, cuisine et consacre trois jours par semaine à changer les couches et préparer les purées de ses jumelles. Certains voient en lui un philosophe moderne, qui énonce des vérités et des leçons de sagesse aussi facilement que d'autres s'enrhument. D'ailleurs, quand il n'est pas suspendu à un arbre ou devant les fourneaux, il tient un journal intime qui vaut probablement le détour.

CE QU'IL FAUT

Coloris principal : foncé
Second coloris : clair
Voir aussi la liste de matériel et de fournitures dans la partie **Laine, matériel et fournitures** (p. 10-11) et la liste des **Termes utilisés** (p. 109).

REMARQUE

Quand vous travaillez la maille fourrure, faites-en une toutes les 3 ms sur les tours impairs et une toutes les 4 ms sur les tours pairs. Les mailles fourrure se font sur l'envers. Blake sera donc monté envers visible. Mais si vous préférez, à la fin, vous pouvez tirer les mailles fourrure à travers l'ouvrage pour qu'elles apparaissent sur l'endroit.

LE CORPS

Faites un corps de base avec le coloris foncé et des mailles fourrure.

LA TÊTE

Commencez comme pour un disque de départ avec le coloris foncé et des mailles fourrure, puis :

7e au 11e tour : faites 1 ms dans chaque ms = 5 trs.

12e tour : faites *1 ms dans les 5 premières ms, 2 ms fermées ensemble* et répétez 5 autres fois = 36 ms.

13e tour : faites 1 ms dans chaque ms.

14e tour : faites 3 fois *1 ms dans les 4 premières ms, 2 ms fermées ensemble* et 1 ms dans les 18 dernières ms = 33 ms.

15e tour : faites 3 fois *1 ms dans les 3 premières ms, 2 ms fermées ensemble* et 1 ms dans les 18 dernières ms = 30 ms.

Continuez normalement, sans mailles fourrure.

16e tour : faites 1 ms dans chaque ms.

17e tour : faites *1 ms dans les 3 premières ms, 2 ms fermées ensemble* et répétez 5 autres fois = 24 ms.

18e tour : faites 1 ms dans les 12 premières ms puis 4 fois *1 ms dans la ms suivante, 2 ms fermées ensemble* = 20 ms.

19e tour : faites *1 ms dans les 2 premières ms, 2 ms fermées ensemble* et répétez 4 autres fois = 15 ms.

20e tour : faites 7 fois *2 ms fermées ensemble* et 1 ms dans la dernière ms = 8 ms.

LA BOUCHE

Commencez comme pour un disque de départ avec le coloris clair et sans maille fourrure, puis :

3e tour : faites *1 ms dans les 2 premières ms, 2 ms dans la ms suivante* et répétez 5 autres fois = 24 ms.

4e au 6e tour : faites 1 ms dans chaque ms = 3 trs.

LES OREILLES (2)

Avec le coloris foncé et sans mailles fourrure, piquez 4 ms dans un cercle magique.

1er tour : faites 2 ms dans chaque ms = 8 ms.

2e et 3e tours : faites 1 ms dans chaque ms = 2 trs.

4e tour : faites *2 ms fermées ensemble* et répétez 3 autres fois = 4 ms.

LES PATTES (4)

Commencez 2 pattes de base avec le coloris clair et sans mailles fourrure. À partir du 2e tour, prenez le coloris foncé et faites des mailles fourrure.

Faites 2 autres pattes de la même manière, mais en ajoutant 6 tours = 28 trs. Ces pattes serviront de bras.

LES TOURS DES YEUX (2)

Avec le coloris clair et sans mailles fourrure, piquez 6 ms dans un cercle magique.

1er tour : faites 2 ms dans chaque ms = 12 ms.

LE MONTAGE

Voir **Le rembourrage et la couture** (p. 114-115) et **Les finitions du visage** (p. 116-117).

NOTES

Rembourrez la bouche et cousez-la sur la partie sans mailles fourrure de la tête. Une fois le montage terminé, coupez toutes les boucles pour créer l'effet fourrure.

SIEGFRIED
le singe

Personne ne sait vraiment de quelle partie du globe vient Siegfried, car il s'exprime avec un accent d'une étonnante complexité et quasiment incompréhensible, même avant d'avoir bu son premier gin tonic de la journée. Quoi qu'il ait pu voir par le passé, c'est à présent un singe d'âge moyen comme les autres, qui a passé son existence à chercher quelqu'un qu'il n'a jamais trouvé. Cela fait dix ans qu'il arrête de fumer « demain » et qu'il écrit un sonnet tous les vendredis soirs.

CE QU'IL FAUT

Coloris principal : moyen
Deuxième coloris : foncé
Quelques aiguillées de coloris clair
Voir aussi la liste de matériel et de fournitures dans la partie **Laine, matériel et fournitures** (p. 10-11) et la liste des **Termes utilisés** (p. 109).

LE CORPS

Faites un corps de base avec le coloris moyen.

LA TÊTE

Commencez comme pour un disque de départ avec le coloris moyen, puis :

7e au 11e tour : faites 1 ms dans chaque ms = 5 trs.

12e tour : faites *1 ms dans les 5 premières ms, 2 ms fermées ensemble* et répétez 5 autres fois = 36 ms.

13e et 14e tours : avec le coloris clair et 1 maille fourrure toutes les 3 ms, faites 1 ms dans chaque ms.

Reprenez le coloris moyen.

15e tour : faites 3 fois *1 ms dans les 4 premières ms, 2 ms fermées ensemble* et 1 ms dans les 18 dernières ms = 33 ms.

16e tour : faites 3 fois *1 ms dans les 3 premières ms, 2 ms fermées ensemble* et 1 ms dans les 18 dernières ms = 30 ms.

17e tour : faites 1 ms dans chaque ms.

18e tour : faites *1 ms dans les 3 premières ms, 2 ms fermées ensemble* et répétez 5 autres fois = 24 ms.

19e tour : faites 1 ms dans les 12 premières ms et 4 fois *1 ms dans la ms suivante, 2 ms fermées ensemble* = 20 ms.

20e tour : faites *1 ms dans les 2 premières ms, 2 ms fermées ensemble* et répétez 4 autres fois = 15 ms.

21e tour : faites 7 fois *2 ms fermées ensemble* puis 1 ms dans la dernière ms = 8 ms.

LA BOUCHE

Commencez comme pour un disque de départ avec le coloris foncé, puis :

4e au 6e tour : faites 1 ms dans chaque ms = 3 trs.

LES OREILLES (2)

Avec le coloris foncé, piquez 4 ms dans un cercle magique.

1er tour : faites 2 ms dans chaque ms = 8 ms.

2e tour : faites 2 ms dans chaque ms = 16 ms.

3e au 6e tour : faites 1 ms dans chaque ms = 4 trs.

7e tour : faites *2 ms fermées ensemble* et répétez 7 autres fois = 8 ms.

8e tour : faites *2 ms fermées ensemble* et répétez 3 autres fois = 4 ms.

LES PATTES (4)

Commencez 2 pattes de base avec le coloris foncé et prenez le coloris clair à partir du 6e tour.

Faites 2 pattes de base de la même manière, mais en ajoutant 8 tours = 30 trs. Ces pattes serviront de bras.

LA QUEUE

Avec le coloris moyen, piquez 8 ms dans un cercle magique.

1er au 36e tour : faites 1 ms dans chaque ms.

LES TOURS DES YEUX (2)

Avec le coloris foncé, piquez 6 ms dans un cercle magique.

1er tour : faites 2 ms dans chaque ms = 12 ms.

LE MONTAGE

Voir **Le rembourrage et la couture** (p. 114-115) et **Les finitions du visage** (p. 116-117).

NOTES

Les boucles des mailles fourrure apparaissent sur l'envers. Si vous souhaitez qu'elles soient sur l'endroit, tirez-les à travers l'ouvrage avant de les couper, puis rembourrez la tête. Rembourrez la bouche et cousez-la sur le visage, juste en dessous des tours des yeux. Finissez en brodant les yeux et les narines.

BORIS
l'écureuil roux

Boris est un écureuil anglais qui cultive sa différence. Il refuse catégoriquement de se raser. Il conduit une Triumph Stag vert canard parfaitement entretenue et lorsqu'il n'a pas les mains dans le cambouis, il enfile son plus beau costume en tweed pour accomplir son devoir d'organiste à l'église du village. Mais attention, parfois il se laisse emporter par ce qu'il joue et, sous la houlette de compère écureuil, les cérémonies de mariage prennent alors des tours endiablés.

CE QU'IL FAUT

Coloris principal : foncé
Second coloris : clair
Voir aussi la liste de matériel et de fournitures dans la partie **Laine, matériel et fournitures** (p. 10-11) et la liste des **Termes utilisés** (p. 109).

LE CORPS

Faites un corps de base avec le coloris foncé.

LA TÊTE

Commencez comme pour un disque de départ avec le coloris foncé, puis :

7e au 9e tour : faites 1 ms dans chaque ms = 3 trs.

10e tour : faites 1 ms dans les 16 premières ms avec le coloris clair et 1 ms dans les 26 dernières ms avec le coloris foncé.

11e tour : faites 1 ms dans les 17 premières ms avec le coloris clair et 1 ms dans les 25 dernières ms avec le coloris foncé.

12e tour : faites 1 ms avec le coloris foncé, puis 16 ms avec le coloris clair et 6 fois *2 ms, 2 ms fermées ensemble*, 1 ms avec le coloris foncé = 36 ms.

13e tour : faites 2 ms avec le coloris foncé, puis 15 ms avec le coloris clair et 19 ms avec le coloris foncé.

14e tour : faites 2 ms avec le coloris foncé, puis 2 ms, 2 ms fermées ensemble, 4 ms, 2 ms fermées ensemble, 3 ms, 2 ms fermées ensemble avec le coloris clair et 3 fois *3 ms, 2 ms fermées ensemble*, 4 ms avec le coloris foncé = 30 ms.

15e tour : faites 3 ms avec le coloris foncé, puis 10 ms avec le coloris clair et 17 ms avec le coloris foncé.

16e tour : faites 3 ms avec le coloris foncé, puis 2 fois *2 ms fermées ensemble, 3 ms* avec le coloris clair et 3 fois *2 ms fermées ensemble, 3 ms*, 2 ms fermées ensemble avec le coloris foncé = 24 ms.

17e tour : faites 4 ms avec le coloris foncé, puis 6 ms avec le coloris clair et 14 ms avec le coloris foncé.

18e tour : faites 2 ms, 2 ms fermées ensemble avec le coloris foncé, puis 2 ms, 2 ms fermées ensemble, 2 ms avec le coloris clair et 2 ms fermées ensemble, 3 fois *2 ms, 2 ms fermées ensemble* avec le coloris foncé = 18 ms.

19e tour : faites 4 ms avec le coloris foncé, puis 4 ms avec le coloris clair et 1 ms dans les 10 dernières ms avec le coloris foncé.

Continuez avec le coloris foncé uniquement.

20e tour : faites *2 ms fermées ensemble* et répétez 8 autres fois = 9 ms.

21e tour : faites 4 fois *2 ms fermées ensemble* et 1 ms dans la dernière ms = 5 ms.

LES OREILLES (2)

Commencez comme pour un disque de départ avec le coloris foncé, puis :

3e et 4e tours : faites 1 ms dans chaque ms = 2 trs.

5e tour : faites *1 ms dans la première ms, 2 ms fermées ensemble* et répétez 5 autres fois = 12 ms.

6e et 7e tours : faites 1 ms dans chaque ms = 2 trs.

8e tour : faites *2 ms fermées ensemble* et répétez 5 autres fois = 6 ms.

9e tour : faites *2 ms fermées ensemble* et répétez 2 autres fois = 3 ms.

10e tour : faites 3 ms fermées ensemble.

LES PATTES (4)

Faites 4 pattes de base avec le coloris foncé.

LA QUEUE

Avec le coloris foncé, faites une chaînette de 15 ml, fermez par 1 mc puis, en faisant 1 maille fourrure toutes les 2 ms :

1er au 24e tour : faites 1 ms dans chaque m. (avec boucles) avec le coloris foncé.

25e au 28e tour : faites 1 ms dans chaque ms (avec boucles) avec le coloris clair = 4 trs.

29e tour : faites 7 fois *2 ms fermées ensemble* et 1 ms dans la dernière ms = 8 ms.

LE MONTAGE

Voir **Le rembourrage et la couture** (p. 114-115) et **Les finitions du visage** (p. 116-117).

NOTES

Rembourrez la queue. Vous pouvez coudre la base de la queue le long du dos, pour qu'elle remonte jusqu'à l'arrière de la tête. Pour finir, cousez 3 boucles avec le coloris clair à l'intérieur de chaque oreille.

HAMLET
le guépard

Hamlet est celui dont l'équipement réfléchit la lumière de vos phares à 18 h 30, quand vous rentrez du travail. Dire qu'il est accro au cyclisme est un euphémisme. En fait, pour se sentir bien, il a besoin de passer au moins 5 heures par jour vêtu de Lycra, la tête dans le guidon, lancé à pleine vitesse. Il est toujours à la limite de brûler plus de calories qu'il ne peut en consommer. C'est pourquoi il carbure aux smoothies survitaminés et aux bâtons de bœuf séché. Il déteste les serviettes en éponge, mais peut passer des heures sous la douche et, les rares fois où il n'est pas sur son vélo, vous le trouverez en suivant ses empreintes de pas mouillées au sol.

CE QU'IL FAUT

Coloris principal : moyen
Deuxième coloris : foncé
Quelques aiguillées de coloris clair
Voir aussi la liste de matériel et de fournitures dans la partie **Laine, matériel et fournitures** (p. 10-11) et la liste des **Termes utilisés** (p. 109).

LE CORPS

Faites un corps de base avec le coloris moyen, en faisant 1 ou 2 mailles de coloris foncé, réparties de façon aléatoire, pour créer un effet moucheté.

LA TÊTE

Commencez comme pour un disque de départ avec le même motif moucheté que pour le corps, puis :

7e au 11e tour : faites 1 ms dans chaque ms = 5 trs.

12e tour : faites 10 ms, 2 ms fermées ensemble, puis 3 fois *5 ms, 2 ms fermées ensemble* et 9 ms = 38 ms.

13e tour : faites 14 ms, 2 ms fermées ensemble, 6 ms, 2 ms fermées ensemble et 14 ms = 36 ms.

14e tour : faites *1 ms dans les 4 premières ms, 2 ms fermées ensemble* et répétez 5 autres fois = 30 ms.

15e tour : faites *1 ms dans les 3 premières ms, 2 ms fermées ensemble* et répétez 5 autres fois = 24 ms.

16e tour : faites 9 ms, 2 ms fermées ensemble, 2 ms, 2 ms fermées ensemble et 9 ms = 22 ms.

17e tour : faites 7 ms, 2 ms fermées ensemble, 2 ms, 2 ms fermées ensemble et 9 ms = 20 ms.

Prenez le coloris clair.

18e et 19e tours : faites 1 ms dans chaque ms = 2 trs.

20e tour : faites *2 ms fermées ensemble* et répétez 9 autres fois = 10 ms.

21e tour : faites *2 ms fermées ensemble* et répétez 4 autres fois = 5 ms.

LES OREILLES (2)

Avec le coloris moyen, piquez 6 ms dans un cercle magique.

1er tour : faites 2 ms dans chaque ms = 12 ms.

2e au 5e tour : faites 1 ms dans chaque ms = 4 trs.

Prenez le coloris clair.

6e tour : faites *2 ms fermées ensemble* et répétez 5 autres fois = 6 ms.

LES PATTES (4)

Commencez par un disque de départ avec le coloris moyen et continuez avec le motif moucheté à partir du 7e tour.

LA QUEUE

Avec le coloris foncé, piquez 6 ms dans un cercle magique.

1er au 6e tour : faites 1 ms dans chaque ms avec le coloris foncé = 6 trs.

Prenez le coloris moyen et continuez avec le motif moucheté jusqu'à la fin du 26e tour.

LE MONTAGE

Voir **Le rembourrage et la couture** (p. 114-115) et **Les finitions du visage** (p. 116-117).

NOTES

Cousez les oreilles avec les pointes plus claires en haut.

Brodez les yeux puis complétez avec une rangée de points autour du museau et partant du coin de l'œil.

FRANCIS
le hérisson

Francis est un fan de tuning. Faites attention quand vous traversez devant lui car (comme il ne se lasse pas de le répéter) le système d'échappement qu'il a monté sur la vieille berline à hayon de son oncle lui donne de la puissance en plus. Rien ne lui procure plus de plaisir que d'exhiber ses caissons de basse infernaux sur le parking du fastfood local. Il fréquente la même petite hérissonne depuis cinq ans et pense qu'elle est celle avec qui il aura envie de s'installer et de se mettre à aimer les olives, le backgammon et les soirées calmes au coin du feu.

CE QU'IL FAUT
Coloris principal : moyen
Deuxième coloris : foncé
Troisième coloris : clair
Voir aussi la liste de matériel et de fournitures dans la partie **Laine, matériel et fournitures** (p. 10-11) et la liste des **Termes utilisés** (p. 109).

LE CORPS

Faites un corps de base avec le coloris moyen.

LA TÊTE

Commencez comme pour un disque de départ avec le coloris moyen, puis :

7e tour : faites 1 ms dans chaque ms.

8e tour : faites 8 ms avec le coloris clair, puis 10 ms avec le coloris moyen et 24 ms avec le coloris clair.

9e tour : faites 10 ms avec le coloris clair, puis 6 ms avec le coloris moyen et 26 ms avec le coloris clair.

10e tour : faites 12 ms avec le coloris clair, puis 2 ms avec le coloris moyen et 28 ms avec le coloris clair.

11e tour : faites 13 ms avec le coloris clair, puis 1 ms avec le coloris moyen et 28 ms avec le coloris clair.

Continuez avec le coloris clair uniquement.

12e tour : faites 1 ms dans chaque ms.

13e tour : faites *1 ms dans les 5 premières ms, 2 ms fermées ensemble* et répétez 5 autres fois = 36 ms

14e tour : faites *1 ms dans les 4 premières ms, 2 ms fermées ensemble* et répétez 5 autres fois = 30 ms.

15e tour : faites *1 ms dans la première ms, 2 ms fermées ensemble* et répétez 9 autres fois = 20 ms.

16e tour : faites 4 fois *2 ms fermées ensemble* et 1 ms dans les 12 dernières ms = 16 ms.

17e au 19e tour : faites 1 ms dans chaque ms = 3 trs.

20e tour : faites *1 ms dans les 2 premières ms, 2 ms fermées ensemble* et répétez 3 autres fois = 12 ms.

21e tour : faites *1 ms dans les 2 premières ms, 2 ms fermées ensemble* et répétez 2 autres fois = 9 ms.

22e tour : faites 4 fois *2 ms fermées ensemble* et 1 ms dans la dernière ms = 5 ms.

LES OREILLES (2)

Avec le coloris moyen, piquez 6 ms dans un cercle magique.

1er tour : faites 2 ms dans chaque ms = 12 ms.

2e au 4e tour : faites 1 ms dans chaque ms = 3 trs.

5e tour : faites *2 ms fermées ensemble* et répétez 5 autres fois = 6 ms.

LES PATTES (4)

Faites 4 pattes de base avec le coloris moyen.

LES ÉPINES

Avec le coloris foncé, *faites 1 ms dans la ms désirée, 1 chaînette de 5 ml, tournez, faites 4 mc de manière à revenir à la base de la chaînette, 1 mc traversante (p. 112) et répétez autant de fois que nécessaire.

LE MONTAGE

Voir **Le rembourrage et la couture** (p. 114-115) et **Les finitions du visage** (p. 116-117).

NOTE

Couvrez la tête et le dos d'épines, jusqu'aux coutures des pattes.

JESSIE
le raton laveur

Jessie est raton en chef du centre de recyclage local. Obsédé par l'écologie, il prend son travail très au sérieux. Il sait toutur la production du plastique et les différentes options de recyclage des pneus, ce qui fait de lui le plus barbant des voisins de table. Sa place est sûrement au conseil municipal, où il pourra méticuleusement réfléchir à toutes sortes de questions sur le traitement des déchets et faire autant de suggestions qu'il lui plaira.

CE QU'IL FAUT
Coloris principal : moyen
Second coloris : clair
Troisième coloris : foncé
Voir aussi la liste de matériel et de fournitures dans la partie Laine, matériel et fournitures (p. 10-11) et la liste des Termes utilisés (p. 109).

LE CORPS

Faites un corps de base avec le coloris moyen.

LA TÊTE

Commencez comme pour un disque de départ avec le coloris moyen, puis :

7e au 11e tour : faites 1 ms dans chaque ms.

12e tour : faites 1 ms dans les 34 premières ms avec le coloris moyen et 1 ms dans les 8 dernières ms avec le coloris clair.

13e tour : faites 4 ms, 2 ms fermées ensemble, 3 ms avec le coloris moyen, puis 2 ms, 2 ms fermées ensemble, 5 ms avec le coloris clair, puis 2 ms fermées ensemble, 5 ms, 2 ms fermées ensemble, 5 ms, 2 ms fermées ensemble avec le coloris moyen et 3 ms, 2 ms fermées ensemble, 3 ms avec le coloris clair = 36 ms.

14e tour : faites 3 ms, 2 ms fermées ensemble, 2 ms avec le coloris moyen, puis 2 ms, 2 ms fermées ensemble, 4 ms avec le coloris clair, puis 2 ms fermées ensemble, 4 ms, 2 ms fermées ensemble, 4 ms, 2 ms fermées ensemble avec le coloris moyen et 4 ms, 2 ms fermées ensemble, 1 ms avec le coloris clair = 30 ms.

15e tour : faites 1 ms avec le coloris clair, 6 ms avec le coloris moyen, 7 ms avec le coloris clair, 11 ms avec le coloris moyen et 5 ms avec le coloris clair.

16e tour : faites 2 ms avec le coloris clair, puis 1 ms, 2 ms fermées ensemble, 2 ms avec le coloris moyen, puis 3 ms avec le coloris foncé, puis 2 ms fermées ensemble, 3 ms avec le coloris clair, puis 2 ms fermées ensemble, 3 ms, 2 ms fermées ensemble, 1 ms, 2 ms fermées ensemble avec le coloris moyen, 2 ms fermées ensemble, 2 ms avec le coloris clair et 1 ms avec le coloris foncé = 24 ms.

17e tour : faites 2 ms avec le coloris foncé, 4 ms avec le coloris moyen, 6 ms avec le coloris foncé, 9 ms avec le coloris moyen et 3 ms avec le coloris foncé.

18e tour : faites 2 ms avec le coloris foncé, puis 2 ms fermées ensemble, 2 ms avec le coloris moyen, puis 2 ms fermées ensemble, 2 ms, 2 ms fermées ensemble avec le coloris foncé, puis 2 ms, 2 ms fermées ensemble, 2 ms, 2 ms fermées ensemble, 1 ms avec le coloris moyen et 1 ms, 2 ms fermées ensemble avec le coloris foncé = 18 ms.

19e tour : faites 3 ms avec le coloris foncé, 2 ms avec le coloris moyen, 5 ms avec le coloris foncé, 7 ms avec le coloris moyen et 1 ms avec le coloris foncé.

20e tour : faites 3 fois *1 ms, 2 ms fermées ensemble*, 1 ms avec le coloris foncé et 2 ms fermées ensemble, 2 fois *1 ms, 2 ms fermées ensemble* avec le coloris clair = 12 ms.

21e tour : faites 1 ms dans chaque ms avec le coloris clair.

22e tour : faites *1 ms dans la première ms, 2 ms fermées ensemble* et répétez 3 autres fois = 8 ms.

23e tour : faites *2 ms fermées ensemble* et répétez 3 autres fois = 4 ms.

OREILLES (2) ET PATTES (4)

Avec le coloris moyen, faites une chaînette de 15 ml et fermez par 1 mc.

1er au 4e tour : faites 1 ms dans chaque ms avec le coloris moyen.

5e tour : faites *1 ms dans la première ms, 2 ms fermées ensemble* et répétez 4 autres fois avec le coloris clair = 10 ms.

6e tour : faites *2 ms fermées ensemble* et répétez 4 autres fois = 5 ms.

Faites 4 pattes de base avec le coloris moyen.

LA QUEUE

Faites 1 maille fourrure toutes les 2 ms.

Avec le coloris clair, faites une chaînette de 12 ml et fermez par 1 mc.

1er tour : faites 1 ms dans chaque ml.

2e au 5e tour : faites 1 ms dans chaque ms avec le coloris clair = 4 trs.

6e au 11e tour : faites 1 ms dans chaque ms avec le coloris foncé = 6 trs.

12e au 16e tour : faites 1 ms dans chaque ms avec le coloris clair = 5 trs.

17e au 21e tour : faites 1 ms dans chaque ms avec le coloris foncé = 5 trs.

22e au 26e tour : faites 1 ms dans chaque ms avec le coloris clair = 5 trs.

27e au 31e tour : faites 1 ms dans chaque ms avec le coloris foncé = 5 trs.

32e tour : faites *1 ms dans la première ms, 2 ms fermées ensemble* et répétez 3 autres fois avec le coloris foncé = 8 ms.

LE MONTAGE

Voir **Le rembourrage et la couture** (p. 114-115) et **Les finitions du visage** (p. 116-117).

BRADLEE
l'écureuil gris

Bradlee est un sportif. Son corps d'athlète fait de lui la star de tous les terrains de sport, mais ce sont les coupes de golf qui occupent le plus de place dans sa vitrine à trophées. Il a toujours fait partie des gens dans le coup et fait tout pour maintenir son corps et sa réputation au top. Tous les matins, il fait trente pompes et quelques longueurs de piscine. Tous les soirs, il fait de la musculation. Il espère un jour faire des remous dans le monde de la finance et tout le monde sait qu'on peut toujours compter sur lui pour réussir ses putts.

CE QU'IL FAUT
Coloris principal : foncé
Second coloris : clair
Voir aussi la liste de matériel et de fournitures dans la partie **Laine, matériel et fournitures** (p. 10-11) et la liste des **Termes utilisés** (p. 109).

LE CORPS
Faites un corps de base avec le coloris foncé.

LA TÊTE
Commencez comme pour un disque de départ avec le coloris foncé, puis :

7e au 9e tour : faites 1 ms dans chaque ms = 3 trs.

10e tour : faites 1 ms dans les 16 premières ms avec le coloris clair et 1 ms dans les 26 dernières ms avec le coloris foncé.

11e tour : faites 1 ms dans les 17 premières ms avec le coloris clair et 1 ms dans les 25 dernières ms avec le coloris foncé.

12e tour : faites 1 ms avec le coloris foncé, puis 16 ms avec le coloris clair et 6 fois *2 ms, 2 ms fermées ensemble*, 1 ms avec le coloris foncé = 36 ms.

13e tour : faites 2 ms avec le coloris foncé, 15 ms avec le coloris clair et 19 ms avec le coloris foncé.

14e tour : faites 2 ms avec le coloris foncé, puis 2 ms, 2 ms fermées ensemble, 4 ms, 2 ms fermées ensemble, 3 ms, 2 ms fermées ensemble avec le coloris clair et 3 fois *3 ms, 2 ms fermées ensemble*, 4 ms avec le coloris foncé = 30 ms.

15e tour : faites 3 ms avec le coloris foncé, 10 ms avec le coloris clair et 17 ms avec le coloris foncé.

16e tour : faites 3 ms avec le coloris foncé, puis 2 fois *2 ms fermées ensemble, 3 ms* avec le coloris clair et 3 fois *2 ms fermées ensemble, 3 ms*, 2 ms fermées ensemble avec le coloris foncé = 24 ms.

17e tour : faites 4 ms avec le coloris foncé, puis 6 ms avec le coloris clair et 14 ms avec le coloris foncé.

18e tour : faites 2 ms, 2 ms fermées ensemble avec le coloris foncé, puis 2 ms, 2 ms fermées ensemble, 2 ms avec le coloris clair et 2 ms fermées ensemble, 3 fois *1 ms dans les 2 ms suivantes, 2 ms fermées ensemble* avec le coloris foncé = 18 ms.

19e tour : faites 4 ms avec le coloris foncé, puis 4 ms avec le coloris clair et 10 ms avec le coloris foncé.

Continuez avec le coloris foncé uniquement.

20e tour : faites *2 ms fermées ensemble* et répétez 8 autres fois = 9 ms.

21e tour : faites 4 fois *2 ms fermées ensemble* et 1 ms dans la dernière ms = 5 ms.

LES OREILLES (2)
Avec le coloris foncé, piquez 6 ms dans un cercle magique.

1er tour : faites 2 ms dans chaque ms = 12 ms.

2e au 6e tour : faites 1 ms dans chaque ms = 5 trs.

7e tour : faites *2 ms fermées ensemble* et répétez 5 autres fois = 6 ms.

LES PATTES (4)
Faites 4 pattes de base avec le coloris foncé.

LA QUEUE
Faites 1 maille fourrure toutes les 2 ms.

Avec le coloris foncé, faites une chaînette de 15 ml et fermez par 1 mc.

1er tour : faites 1 ms dans chaque ml (avec boucle) avec le coloris foncé.

2e au 24e tour : faites 1 ms dans chaque ms (avec boucles) avec le coloris foncé.

25e au 28e tour : faites 1 ms dans chaque ms (avec boucles) avec le coloris clair = 4 trs.

29e tour : faites 7 fois *2 ms fermées ensemble* et 1 ms dans la dernière ms = 8 ms.

LE MONTAGE
Voir **Le rembourrage et la couture** (p. 114-115) et **Les finitions du visage** (p. 116-117).

NOTES
Rembourrez la queue.

Si vous le souhaitez, vous pouvez coudre la queue le long du dos, sur quelques centimètres, pour qu'elle se place derrière la tête.

NOAH
le mouton zwartbles

Noah est un mouton pieux, presque un saint, qui veille sur ses ouailles. Au cours de sa vie, il a récolté des sommes colossales, que ce soit pour réparer des toits d'églises, soutenir des hôpitaux pour enfants ou venir en aide au tiers-monde. Courir un marathon déguisé en poulet ou escalader des montagnes où seules les chèvres osent s'aventurer : ce mouton est prêt à tout pour son prochain. Chaque année, il joue au lutin du Père Noël à l'école du village et espère un jour se voir confier le poste du gros bonhomme en habit rouge.

CE QU'IL FAUT

Coloris principal : foncé
Deuxième coloris : moyen
Troisième : clair
Voir aussi la liste de matériel et de fournitures dans la partie **Laine, matériel et fournitures** (p. 10-11) et la liste des **Termes utilisés** (p. 109).

LE CORPS

Faites un corps de base avec le coloris foncé.

LA TÊTE

Commencez comme pour un disque de départ avec le coloris foncé, puis :

7e au 9e tour : faites 1 ms dans les 8 premières ms avec le coloris clair et 1 ms dans les 34 ms suivantes avec le coloris foncé.

10e tour : faites 1 ms avec le coloris foncé, 7 ms avec le coloris clair et 34 ms avec le coloris foncé.

11e tour : faites 2 ms avec le coloris foncé, 6 ms avec le coloris clair et 34 ms avec le coloris foncé.

12e tour : faites 2 ms avec le coloris foncé, puis 2 ms, 2 ms fermées ensemble, 2 ms avec le coloris clair et 4 ms, 2 ms fermées ensemble, 4 fois *5 ms, 2 ms fermées ensemble* avec le coloris foncé = 36 ms.

13e et 14e tours : faites 3 ms avec le coloris foncé, 4 ms avec le coloris clair et 29 ms avec le coloris foncé.

15e tour : faites 1 ms, 2 ms fermées ensemble avec le coloris foncé, puis 1 ms, 2 ms fermées ensemble, 1 ms avec le coloris clair et 2 ms fermées ensemble, 27 ms avec le coloris foncé = 33 ms.

16e tour : faites 2 ms fermées ensemble avec le coloris foncé, puis 2 ms fermées ensemble, 1 ms avec le coloris clair et 2 ms fermées ensemble, 26 ms avec le coloris foncé = 30 ms.

17e tour : faites 1 ms avec le coloris foncé, 3 ms avec le coloris clair et 26 ms avec le coloris foncé.

18e tour : faites 1 ms avec le coloris foncé, puis 1 ms, 2 ms fermées ensemble, 1 ms avec le coloris clair et 5 fois *3 ms, 2 ms fermées ensemble* avec le coloris foncé = 24 ms.

19e tour : faites 1 ms dans la première ms avec le coloris foncé et 1 ms dans les 23 dernières ms avec le coloris clair.

20e et 21e tours : faites 1 ms dans chaque ms avec le coloris clair.

22e tour : faites *1 ms dans les 2 premières ms, 2 ms fermées ensemble* et répétez 5 autres fois = 18 ms.

23e tour : faites 1 ms dans chaque ms.

24e tour : faites *1 ms dans la première ms, 2 ms fermées ensemble* et répétez 5 autres fois = 12 ms.

25e tour : faites *2 ms fermées ensemble* et répétez 5 autres fois = 6 ms.

LES OREILLES (2)

Avec le coloris foncé, piquez 6 ms dans un cercle magique.

1er tour : faites 2 ms dans chaque ms = 12 ms.

2e au 5e tour : faites 1 ms dans chaque ms = 4 trs.

6e tour : faites *2 ms fermées ensemble* et répétez 5 autres fois = 6 ms.

LES PATTES (4)

Faites 4 pattes de base avec le coloris foncé.

LA QUEUE

Avec le coloris foncé, piquez 6 ms dans un cercle magique.

1er tour : faites 2 ms dans chaque ms = 12 ms.

2e au 4e tour : faites 1 ms dans chaque ms = 3 trs.

5e tour : faites *2 ms fermées ensemble* et répétez 5 autres fois = 6 ms.

6e tour : faites 1 ms dans chaque ms.

LA TOISON

Faites des boucles de 8 ml en coloris moyen sur tout le corps sauf sur la base, au niveau des coutures de pattes, pour que la peluche tienne assise.

LE MONTAGE

Voir **Le rembourrage et la couture** (p. 114-115) et **Les finitions du visage** (p. 116-117).

NOTE

Procédez au montage avant de faire la toison.

CHRISTOPHE
le loup

Christophe attend fiévreusement la naissance de son premier louveteau. D'apparence, il semble impatient mais posé, alors qu'en réalité il est paniqué et pétrifié à l'idée de devenir père. Chaque séance de préparation à la naissance l'angoisse un peu plus et il n'ose même pas entamer le prochain chapitre du *Guide du futur papa*.

CE QU'IL FAUT
Coloris principal : foncé
Second coloris : clair
Voir aussi la liste de matériel et de fournitures dans la partie **Laine, matériel et fournitures** (p. 10-11) et la liste des **Termes utilisés** (p. 109).

LE CORPS

Faites un corps de base avec le coloris foncé.

LA TÊTE

Commencez comme pour un disque de départ avec le coloris foncé, puis :

7e et 8e tours : faites 1 ms dans chaque ms.

9e tour : faites 1 ms dans les 34 premières ms avec le coloris foncé et 1 ms dans les 8 dernières ms avec le coloris clair.

10e tour : faites 18 ms avec le coloris clair, 17 ms avec le coloris foncé et 7 ms avec le coloris clair.

11e tour : faites 18 ms avec le coloris clair, 18 ms avec le coloris foncé et 6 ms avec le coloris clair.

12e tour : faites 18 ms avec le coloris clair, puis 6 fois *1 ms, 2 ms fermées ensemble*, 1 ms avec le coloris foncé et 5 ms avec le coloris clair = 36 ms.

13e tour : faites 18 ms avec le coloris clair, 15 ms avec le coloris foncé et 3 ms avec le coloris clair.

14e tour : faites 3 fois *4 ms, 2 ms fermées ensemble* avec le coloris clair, puis 2 fois *4 ms, 2 ms fermées ensemble*, 4 ms avec le coloris foncé et 2 ms fermées ensemble avec le coloris clair = 30 ms.

15e tour : faites 1 ms dans les 15 premières ms avec le coloris clair et 1 ms dans les 15 dernières ms avec le coloris foncé.

16e tour : faites 3 fois *3 ms, 2 ms fermées ensemble* avec le coloris clair et 3 fois *3 ms, 2 ms fermées ensemble* avec le coloris foncé = 24 ms.

17e tour : faites 1 ms avec le coloris foncé, 11 ms avec le coloris clair et 12 ms avec le coloris foncé.

18e tour : faites 2 ms avec le coloris foncé, puis 2 fois *2 ms fermées ensemble, 2 ms*, 2 ms fermées ensemble avec le coloris clair et 3 fois *2 ms, 2 ms fermées ensemble* avec le coloris foncé = 18 ms.

19e tour : faites *1 ms dans la première ms, 2 ms fermées ensemble* et répétez 5 autres fois avec le coloris clair = 12 ms.

20e tour : faites 1 ms dans chaque ms avec le coloris clair.

21e tour : faites *2 ms fermées ensemble* et répétez 5 autres fois avec le coloris clair = 6 ms.

LES OREILLES (2)

Avec le coloris foncé, faites une chaînette de 12 ml et fermez par 1 mc.

1er tour : faites 1 ms dans chaque ml.

2e tour : faites 1 ms dans chaque ms.

3e tour : faites *1 ms dans les 4 premières ms, 2 ms fermées ensemble* et répétez 1 autre fois = 10 ms.

4e tour : faites *1 ms dans les 3 premières ms, 2 ms fermées ensemble* et répétez 1 autre fois = 8 ms.

5e tour : faites *1 ms dans les 2 premières ms, 2 ms fermées ensemble* et répétez 1 autre fois = 6 ms.

Prenez le coloris clair.

6e tour : faites *1 ms dans la première ms, 2 ms fermées ensemble* et répétez 1 autre fois = 4 ms.

7e tour : faites 1 ms dans chaque ms.

8e tour : faites *2 ms fermées ensemble* et répétez 1 autre fois = 2 ms.

LES PATTES (4)

Faites 4 pattes de base avec le coloris foncé.

LA QUEUE

Avec le coloris foncé, faites une chaînette de 8 ml et fermez par 1 mc.

1er tour : faites 1 ms dans chaque ml.

2e au 4e tour : faites 1 ms dans chaque ms.

5e tour : faites *1 ms dans les 3 premières ms, 2 ms dans la ms suivante* et répétez 1 autre fois = 10 ms.

6e au 9e tour : faites 1 ms dans chaque ms = 4 trs.

10e tour : faites *1 ms dans les 4 premières ms, 2 ms dans la ms suivante* et répétez 1 autre fois = 12 ms.

11e au 18e tour : faites 1 ms dans chaque ms = 8 trs.

Prenez le coloris clair.

19e tour : faites *1 ms dans les 5 premières ms, 2 ms dans la ms suivante* et répétez 1 autre fois = 14 ms.

20e au 22e tour : faites 1 ms dans chaque ms = 3 trs.

23e tour : faites *2 ms fermées ensemble* et répétez 6 autres fois = 7 ms.

24e tour : faites 3 fois *2 ms fermées ensemble* et 1 ms dans la dernière ms = 4 ms.

LE MONTAGE

Voir **Le rembourrage et la couture** (p. 114-115) et **Les finitions du visage** (p. 116-117).

NOTE

Rembourrez uniquement le bout de la queue et fermez l'autre extrémité avec un rang de ms, en alignant les bords.

TECHNIQUES

Ces pages ont pour but de doter les débutantes des explications nécessaires pour réaliser tous les animaux de la ménagerie. Même si vous êtes une crocheteuse expérimentée, prenez le temps de les survoler, car certaines techniques, comme la diminution ou le changement de couleur, sont peut-être différentes de celles que vous connaissez déjà.

LES BASES

COMPTER

Compter les mailles à la fin d'un tour est une technique de base qui permet de se sortir d'un mauvais pas. Vérifiez le nombre de mailles que vous êtes censée obtenir après chaque tour incluant une augmentation ou une diminution. Si, à la fin du tour, vous ne comptez pas le même nombre de mailles que celui indiqué, défaites-les mailles jusqu'au marqueur et recommencez.

ENVERS ET ENDROIT

Une autre base du crochet consiste à distinguer l'envers de l'endroit. Si vous êtes droitière et que vous crochetez avec l'endroit vers l'extérieur, vous tournerez dans le sens inverse des aiguilles d'une montre (de droite à gauche), en piquant les mailles de l'extérieur vers l'intérieur. Une erreur très commune consiste à crocheter sur l'envers. Si vous êtes plus à l'aise ainsi, le plus simple sera alors de retourner l'animal comme une chaussette avant de le rembourrer.

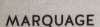

ENDROIT   ENVERS

MARQUAGE

Utilisez un marqueur pour repérer la fin de chaque tour. Je vous conseille de glisser un morceau de fil contrasté d'environ 15 cm entre les mailles à partir de la fin du 2ᵉ tour (18 ms). Chaque fois que vous revenez à ce fil, faites-le passer par-dessus vos mailles en le tirant vers l'avant ou vers l'arrière pour créer un repère entrelacé. Une fois la pièce terminée, vous n'avez plus qu'à ôter ce marqueur.

LES TERMES UTILISÉS

2 ms fermées ensemble : faites une maille serrée en piquant dans 2 mailles serrées (diminution de 1 maille).

3 ms fermées ensemble : faites une maille serrée en piquant dans 3 mailles serrées (diminution de 2 mailles).

4 ms fermées ensemble : faites une maille serrée en piquant dans 4 mailles serrées (diminution de 3 mailles).

Endroit : l'endroit de l'ouvrage se compose de petits V en rangs horizontaux et correspond le plus souvent à la face visible de l'animal.

Envers : l'envers se compose de sillons en spirale. C'est là que sont cachés tous les bouts de fil. L'envers correspond le plus souvent à l'intérieur de l'animal.

Maille coulée (mc) : la maille la plus simple à réaliser.

Maille en l'air (ml) : la maille de base du crochet.

Maille serrée (ms) : la maille serrée donne un ouvrage dense et compact.

Maille (m.) : vous pouvez compter les mailles le long du bord de l'ouvrage.

Tour (tr) : un tour correspond à une rotation complète en spirale, jusqu'au marqueur de départ. Pour les modèles de ce livre, ne faites PAS de maille coulée à la fin du tour. Continuez en spirale, en piquant dans le tour suivant.

NŒUD COULANT

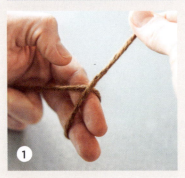

1. Faites une boucle.
2. Tirez le fil à travers la boucle.
3. Piquez le crochet dans la nouvelle boucle et serrez.

CHAÎNETTE

1. Faites un nœud coulant.
2. Enroulez le fil autour du crochet (faites un jeté) et ramenez-le à travers la boucle, sans trop serrer. Vous venez de réaliser 1 maille en l'air.
3. Répétez l'étape 2 jusqu'à ce que vous ayez le nombre de mailles en l'air désiré.

MAILLE COULÉE POUR FERMER UN ROND

1. Piquez le crochet dans la maille la plus proche du nœud coulant.
2. Faites un jeté.
3. D'un geste, ramenez le crochet à travers les 2 boucles.

CERCLE MAGIQUE (6 MS DANS LE CERCLE)

MAILLE SERRÉE

DIMINUTION (2 MS FERMÉES ENSEMBLE)

1. Faites un nœud coulant et une chaînette de 2 mailles en l'air.

2. Piquez dans la première maille en l'air et faites 6 mailles serrées en piquant 6 fois dans la même maille.

3. Tirez fermement sur le fil pour fermer le centre du cercle magique.

---

1. Piquez dans une maille (sous les 2 brins).

2. Faites un jeté et ramenez le fil à travers la maille.

3. Refaites un jeté et tirez à travers les 2 boucles. Il ne reste plus que 1 boucle sur le crochet.

---

1. Piquez sous le brin avant de la maille (2 boucles sur le crochet).

2. Piquez sous le brin avant de la maille suivante (3 boucles sur le crochet).

3. Faites un jeté et ramenez le fil à travers les 2 premières boucles, puis refaites un jeté et ramenez le fil à travers les 2 dernières boucles, pour terminer la maille serrée.

   Lorsqu'il est question de 3 ou 4 mailles serrées fermées ensemble, procédez de la même manière, mais en piquant dans autant de mailles qu'indiqué.

MAILLE FOURRURE

1. Enroulez le fil d'avant en arrière autour du pouce de la main qui ne tient pas le crochet.

2. Piquez dans la maille et faites un jeté avec le fil situé derrière votre pouce.

3. Ramenez le fil à travers une boucle sur l'envers puis refaites un jeté et ramenez le fil à travers les 2 boucles pour terminer la maille serrée.

4. Continuez en suivant les indications de fréquence données dans les explications.

CHANGEMENT DE COULEUR

1. Piquez le crochet dans la maille suivante, faites un jeté et ramenez le fil.

2. Faites un jeté avec le nouveau coloris et terminez la maille serrée avec ce nouveau fil.

3. Continuez avec le nouveau coloris en laissant le premier coloris sur l'envers de l'ouvrage. Coupez le fil s'il s'agit d'un changement unique ou faites-le suivre sur l'envers si vous comptez reprendre ce coloris.

ENVERS DE L'OUVRAGE

Quand vous procédez à des changements de coloris complexes en faisant suivre les fils sur l'envers, ne tirez pas trop sur les fils au moment du changement de coloris pour éviter que des fronces ne se forment.

MAILLE COULÉE TRAVERSANTE

1. Faites un nœud coulant et soulevez une maille avec le crochet.

2. Faites un jeté et, d'un geste, ramenez le fil à travers la maille de l'ouvrage et la boucle.

3. Continuez de maille en maille, jusqu'à l'endroit désiré.

LES FINITIONS DU CORPS

Il est souvent nécessaire de terminer de crocheter et d'assembler toutes les pièces avant de passer aux détails.

La queue de base se compose d'une grosse chaînette réalisée avec 4 fils et se termine par un nombre variable de boucles de mailles en l'air, crochetées avec un seul fil et un crochet de taille adaptée. Les toisons, les crinières et les toupets sont constitués du même type de boucles. Ces détails font partie du travail de finition et ne doivent pas être confondus avec les mailles fourrure, qui font partie intégrante des pièces crochetées.

QUEUE

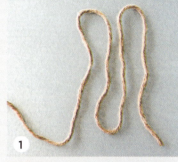

1. Pliez le fil de façon à obtenir un morceau d'environ 20 cm de long et de 4 fils d'épaisseur.

2. Faites un nœud coulant au bout de ce gros fil.

3. Piquez le crochet dans les deux boucles du nœud coulant.

4. Faites le nombre de grosses mailles en l'air indiqué, sans serrer.

5. Terminez avec un seul fil et faites le nombre de mailles en l'air et de boucles indiqué, en piquant dans la dernière grosse maille en l'air.

POILS ET TOISON

1. Faites un nœud coulant et piquez dans l'ouvrage à l'endroit de la première boucle.

2. Attachez la boucle en faisant une maille serrée puis *faites le nombre de mailles en l'air indiqué et faites une maille serrée en piquant environ deux mailles et deux rangs plus loin*.

3. Répétez de * à * autant de fois que nécessaire.

LE REMBOURRAGE ET LA COUTURE

Quand vous rembourrez votre animal, rappelez-vous qu'il faut mettre en valeur ses formes sans trop le raidir. Le charme de ces peluches tient pour beaucoup à la souplesse des corps, qui découle de l'emploi d'un fil de luxe et d'un rembourrage modéré. Une fois les pièces rembourrées, faites les rouler entre vos doigts et manipulez-les pour bien répartir le rembourrage et obtenir une forme harmonieuse.

REMBOURRER LE CORPS

Tous les corps sont rembourrés. Pour que la tête des animaux à long cou tienne bien droit, rembourrez un peu plus fermement les corps.

REMBOURRER LA TÊTE

Rembourrez les têtes lorsque vous arrivez au tour ne comptant plus que 6 mailles, comme indiqué

dans le chapitre **Formes de base** (p. 16-17). Pour les cornes et les autres parties accessoires, suivez les explications données pour chaque modèle.

FINITIONS DES OREILLES

Les oreilles ne sont pas rembourrées. Pour bien les positionner, reportez-vous au chapitre **Les finitions du visage** (p. 116-117).

FINITIONS DES PATTES

Le charme unique des animaux de *La Ménagerie des doudous* vient en partie du fait que le bout des pattes est rembourré, mais pas les pattes. Pour que la peluche tienne assise sur une cheminée, la commode de bébé ou la tablette de la chaise haute, écartez bien les pattes, de sorte que l'animal reste en appui sur le bas du ventre.

REMBOURRER LA QUEUE

Le rembourrage de la queue est expliqué en détail pour chaque modèle. Toutes les queues sont attachées au même endroit du corps, dans le bas du dos de l'animal.

TROP REMBOURRÉ   BIEN REMBOURRÉ

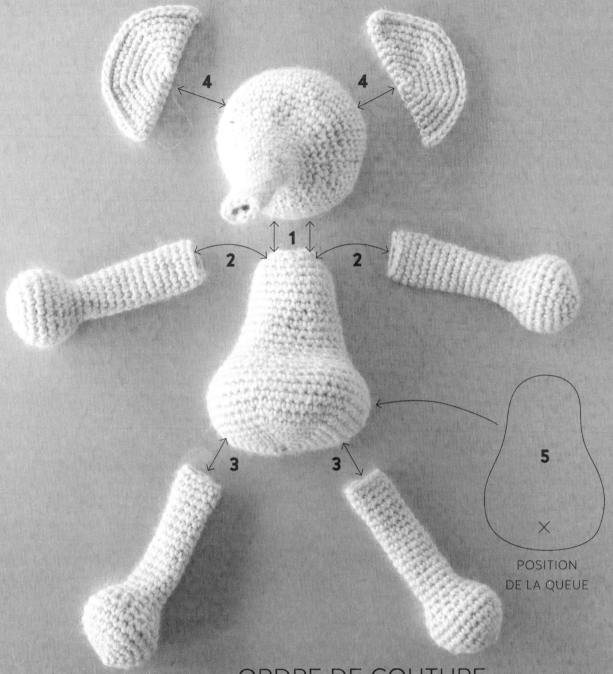

ORDRE DE COUTURE

1. Fixez la tête en faisant 2 points entre le haut du corps et la base de la tête, puis cousez solidement à point glissé en dessinant un petit cercle.

2. Cousez les pattes avant sur le haut du corps.

3. Cousez les pattes arrière au bas du corps, en position écartée.

4. Cousez les oreilles et ajoutez les détails du visage.

5. Cousez la queue.

6. Ajoutez les autres détails tels que la toison ou la crinière, si nécessaire.

POSITION
DES PATTES ARRIÈRE

POSITION
DE LA QUEUE

LES FINITIONS DU VISAGE

C'est lorsque vous donnez un visage à votre animal que sa personnalité fait surface. Prenez votre temps et, si le résultat ne vous plaît pas, n'hésitez pas à couper les fils et à recommencer (cela m'arrive fréquemment quand je crée un nouvel animal).

COUDRE LES OREILLES

Sauf mention contraire dans les explications du projet, pincez la base de l'oreille et faites quelques points pour la maintenir ainsi, avant de la positionner sur la tête.

BRODER LES YEUX

J'emploie une technique très simple qui consiste à faire passer 2 fils verticalement, à travers les mêmes mailles et sur 2 rangs de hauteur. En utilisant plus de fils, vous obtiendrez de plus gros yeux et votre animal semblera plus mignon et plus jeune. Un fil plus fin sur 1 seul rang de haut peut donner à votre animal un air malicieux ! L'écart entre les yeux modifie aussi l'expression du visage. Je vous conseille d'essayer différentes positions pour trouver celle qui vous plaît le plus, mais en règle générale tâchez de placer les yeux dans le tiers supérieur du visage.

PLACER LES OREILLES

La position des oreilles peut indiquer l'humeur de l'animal. Sur les côtés de la tête et pointées vers l'avant, elles lui donneront un air triste et endormi. Inversement, placées au sommet de la tête, les oreilles expriment la surprise ou la vivacité de l'animal. À vous de trouver le juste équilibre entre les deux. Le plus important est qu'elles soient placées de façon symétrique. Pour cela, repérez la maille centrale au sommet de la tête et comptez le même nombre de mailles de part et d'autre.

ENDORMI   DÉTENDU   SURPRIS !

BRODER LE NEZ

Les nez ou les museaux varient beaucoup d'un animal à l'autre. Certains n'ont que de simples narines, d'autres ont de grosses truffes triangulaires et de fines babines, et d'autres encore n'ont rien du tout. Vous pouvez utiliser le même fil noir que pour les yeux, mais un fil plus clair donne souvent un caractère plus « doux » à l'animal. C'est particulièrement vrai sur certains modèles tels qu'Emma le lapin.

BRODER LES NARINES

Pour les narines, surfilez une maille en piquant à la verticale. L'écart entre les narines influe aussi sur le caractère de l'animal. Si l'animal a un visage foncé, pensez à broder les détails avec un coloris plus clair.

BRODER UNE TRUFFE TRIANGULAIRE

1. Attachez le fil au coin supérieur droit de la truffe.

2. Piquez 3 mailles plus loin, de droite à gauche, et ressortez l'aiguille 3 rangs plus bas.

3. Passez le fil dans le premier point (horizontal) et repiquez dans la maille du bas.

4. Continuez de broder de la même manière jusqu'à ce que vous ayez atteint la taille désirée.

ENTRETIEN

Les animaux crochetés avec du fil naturel et rembourrés de matière synthétique peuvent être lavés à la main ou à la machine (à froid, cycle doux). Les peluches remplies de haricots, de granulés ou de sable ne sont généralement pas lavables. Pour les nettoyer, frottez-les avec une éponge humide.

SÉCURITÉ

En matière de sécurité, tout ne dépend que de vous, alors ne lésinez pas sur les coutures. Surfilez tous les bords des pattes et des oreilles – et plutôt deux fois qu'une ! Les yeux de mes animaux sont brodés. Vous pouvez utiliser des perles ou des boutons, mais si la peluche est destinée à un enfant de moins de 3 ans, les yeux de sécurité, les perles et les boutons sont à proscrire. Le mieux est alors de broder les détails du visage.

3

14

15

LES QUEUES ET LES TOUPETS

N'hésitez pas à modeler les oreilles ou la queue en les pinçant et en ajoutant quelques points de couture. Cela donnera du caractère à vos créations. Évitez aussi de surcharger la toison ou la crinière, sinon votre animal sera trop lourd.

1. Bridget a le type de queue le plus répandu. Toutes les explications sont données dans le chapitre **Techniques** (p. 113) et valent aussi pour Georgina, Rufus, Angharad, Douglas, Alice, Audrey, Sarah et Caitlin.

2. Alex a une longue queue en forme de tube et non rembourrée, de même que Juno, Laurence, Martin, Siegfried et Hamlet.

3. Emma le lapin est la seule à avoir une queue en pompon.

4. Austin a une queue toute simple, constituée d'une grosse chaînette à plusieurs fils.

5. Richard a une queue courte en tire-bouchon, comme Claudia.

6. Winston a une longue queue rembourrée qu'il faut coudre de manière qu'elle pointe vers le haut.

7. La petite queue de Noah doit être cousue avant la réalisation de la toison, de même que pour les autres moutons, Simon et Hank.

8. Chardonnay a une queue d'un genre unique, faite de très longues boucles, mais sa crinière sert aussi de modèle pour Angharad et Alice.

9. Timmy a une jolie petite queue rembourrée pointée vers le haut.

10. La queue d'Esme est très légèrement rembourrée, comme celle de Christophe.

11. Boris a une queue flamboyante rembourrée et cousue à la verticale, comme Bradlee.

12. Francis a le dos couvert d'épines au toucher exceptionnel, mais pas de queue.

13. Jessie a une magnifique queue qui ne nécessite aucun rembourrage.

14. Seamus a une petite queue qu'il faut d'abord pincer puis coudre pointe vers le bas. Procédez de la même manière pour Piotr, Pénélope et Fiona.

15. Clarence n'a pas de queue. C'est aussi le cas de Germaine, Benedict, Samuel et Blake.

VARIANTES

Une fois que vous maîtrisez les bases, vous pouvez vous amuser à créer vos propres animaux inspirés de *La Ménagerie des doudous*.

ENTRE CHATS

Une simple variation de couleurs peut modifier l'aspect des formes.

Alexandre utilise un seul coloris.

Le changement de couleur simple de **Juno** rappelle la robe bicolore propre à sa race.

Les changements de couleur complexes de **Martin** créent un motif aléatoire, très pratique pour écouler les petits restes de laine.

Pourquoi ne pas tenter de reproduire le marquage de votre animal de compagnie ?

Partagez vos créations avec moi sur Twitter #edsanimals.

ALEXANDRE

JUNO   MARTIN

MOUTONS ET TOISONS

Noah nécessite des changements de couleur complexes, pour un effet très détaillé.

Simon est crocheté avec un seul coloris et a un visage très simple.

Hank se crochète de la même façon que Simon, mais possède une toison contrastée qui lui couvre également la tête.

Pourquoi ne pas leur ajouter des cornes ou modifier la longueur de leur toison ?

Partagez vos créations avec moi sur Twitter #edsanimals.

NOAH

SIMON   HANK

À PROPOS
DE L'AUTEUR

Kerry Lord est la créatrice et la directrice artistique de la marque de laine de luxe TOFT. Kerry et son entreprise ont joué un rôle majeur dans le renouveau des loisirs créatifs au Royaume-Uni depuis 2006. Elle vit avec son époux, leur fils et leurs deux chiens à Leamington Spa, dans le comté de Warwick.

REMERCIEMENTS

Merci à Edward Lord, né en septembre 2012,
qui m'a donné l'inspiration.

J'aimerais remercier Emma Brown, qui m'a aidée
à tester une grande partie de ces modèles.

Je tiens aussi à m'excuser pour les désagréments
subis par mon mari consécutifs au don
involontaire de son oreiller pour rembourrer
les dix premiers animaux. Heureusement,
j'ai remplacé son oreiller depuis, mais
je continue à le torturer en laissant traîner
des pièces rembourrées d'animaux démembrés,
qui ont la fâcheuse manie de se glisser là
où il souhaite s'asseoir, dormir ou prendre
le volant.
Sa patience et sa compréhension
dans ces situations sont dignes
d'admiration.

FOURNISSEURS

Toutes les laines TOFT sont faites au Royaume-Uni à base de fibres naturelles et se caractérisent par une palette de couleurs totalement naturelle. Les fils TOFT sont exclusivement composés de fibres de qualité exceptionnelle, pour vous assurer un plaisir unique et des ouvrages à l'aspect et au toucher sensationnels.

Tous les fils TOFT sont vendus en direct sur le site :
www.**thetoftalpacashop**.co.uk

Les Petits Points Parisiens
24, rue Véron
75018 Paris
Tél. : 01 72 34 77 37
www.lespetitspointsparisiens.com

INDEX

Publié pour la première fois en Grande-Bretagne en 2014 par David & Charles
un département de F&W Media International, Ltd
Brunel House
Newton Abbot
TQ12 4PU
Devon

Texte et créations © Kerry Lord 2014
Mise en pages et photographie © F&W Media International, Ltd 2014

L'édition française est publiée avec l'accord de F&W Media International, Ltd

© Hachette livre (Marabout) pour la traduction et l'adaptation française, 2015
Dépôt légal : janvier 2015
ISBN : 978-2-501-09990-5
57-7783-2

Mise en pages : Else
Traduction : Audrey Dinghem
Adaptation : Dominique Montembault

Imprimé en Chine par RR Donnelley